AF397121

Contenant les principaux Faits d'Armes, les Noms des Militaires qui se sont le plus distingués, des Anecdotes et Histoires; Ouvrage pouvant servir aux soirées des Jeunes militaires, et propres à leur inspirer le goût des armes.

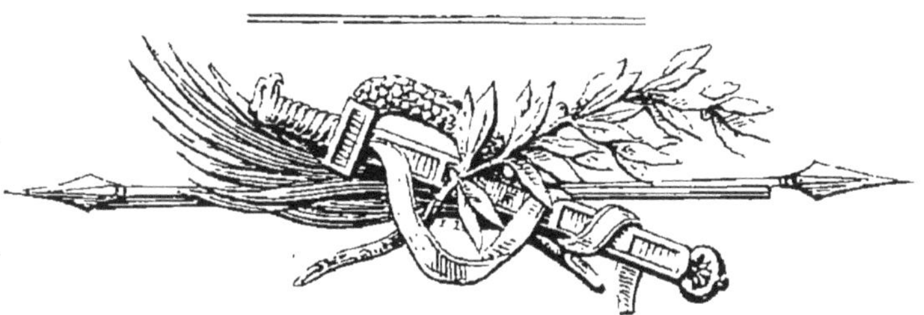

à Metz, chez VERRONNAIS, Éditeur,
Imprimeur pour l'Art Militaire.

Et à Paris, chez ANSELIN, Libraire,
Passage Dauphine, N° 36.

1835.

BIBLIOTHÈQUE

PRÉFACE.

Dans un pays comme la France, où le système des remplaçans introduit dans les corps de l'armée beaucoup d'individus dont l'éducation morale n'est pas fort avancée, il est d'un puissant intérêt de veiller à ce que cette éducation se fasse. L'exemple et l'étude sont deux grands mobiles de perfectionnement; mais l'exemple se perd quand les pages d'un livre ne prennent pas soin d'en retracer le souvenir, et l'étude n'est point abordable à toutes les intelligences. Il faudrait donc que chaque régiment eût sa bibliothèque, ses cours, ses professeurs, son gymnase littéraire, comme il a son gymnase ouverte, aujourd'hui surtout que la paix vous laisse des loisirs.

DE L'UTILITÉ
DES ÉCOLES RÉGIMENTAIRES.

Un des vœux les plus ardens est de voir multiplier et perfectionner les écoles régimentaires destinées à l'enseignement de la lecture et de l'écriture, qui, avec les systèmes extrêmement simples en usage maintenant, seraient infiniment plus faciles à apprendre que l'exercice du fusil ; puisque, sans épellation et aussi méthodiquement que se fait la charge en douze temps, un seul homme pourrait instruire toute une compagnie. L'anecdote suivante fera peut-être sentir à quelques jeunes soldats, si elle leur est racontée, l'importance de l'instruction primaire.

En 1802, le brave colonel Roguet vint prendre à Paris le commandement de la 33.ᵉ demi-brigade : le noyau de ce corps était composé d'environ 35o soldats, vieux débris des guerres de la révolution ; il se grossit bientôt après de 15oo conscrits. Il fallut nommer des sous-officiers ; et malheureusement les anciens soldats ne sachant pas lire, on fut obligé de choisir parmi les recrues. Il était sans doute pénible de voir de vieilles moustaches qui n'obéissaient qu'à regret sous le commandement de jeunes gens imberbes et sans expérience militaire. Le colonel, dans cette circonstance, institua une école élémentaire ; mais la plupart *des anciens* refusèrent de s'y présenter, pensant peut-être qu'après avoir vaincu tant de fois l'ennemi, il ne leur restait plus rien à apprendre. Le plus récalcitrant de tous était un nommé Pétigny (nous ne croyons pas nous tromper sur le nom), bon soldat au demeurant, et exerçant sur ses camarades une grande influence. Le colonel s'attacha particulièrement à vaincre l'obstination de cet homme, persuadé qu'après l'avoir gagné, les autres l'imiteraient comme les moutons de Panurge. Enfin, autant par force que par persuasion, Pétigny fut entraîné et suivit les exercices de l'école. — Sept ans après, le régiment était à Vienne ; Napoléon venait de le passer en revue. Satisfait de la bonne conduite et de la belle tenue du corps, il avait rassemblé autour de lui tous les officiers en leur disant : « *Faites-moi connaître le plus brave de votre régiment.* » Tous, d'une voix unanime, désignèrent Pétigny. Il se présenta, il était déjà capitaine. « Je le fais officier de la Légion-d'Honneur, reprit Napoléon, et baron avec trois mille francs de dotation. »

Journal de l'Armée, t. 1.ᵉʳ, p. 271.

Le Maréchal-de-Camp CAMBRONNE, à Waterloo.

SOUVENIRS

DES

VICTOIRES ET CONQUÊTES

DES

ARMÉES FRANÇAISES.

PREMIÈRE PARTIE.

CAMBRONNE (le baron Pierre-Jacques-Étienne), maréchal-de-camp et commandant de la Légion-d'Honneur, né à Nantes, département de la Loire-Inférieure, fut, de même que La Tour d'Auvergne, proclamé par ses soldats *premier grenadier de France*. Sa modestie refusa ce titre, mais il s'en montra digne dans toute sa carrière militaire. La journée du Mont-Saint-Jean mit le comble à sa réputation guerrière ; il commandait le premier régiment des chasseurs à pied de l'ex-garde impériale, et fit des prodiges de valeur. La mitraille moissonnait partout les braves ; le général Cambronne, s'étant avancé avec quelques-uns des siens, fut sommé de se rendre. « *La garde meurt, elle ne se rend pas,* » répondit-il, et ce cri immortel fut répété dans tous les rangs. Ils ne pouvaient plus vaincre, ils marchaient à la mort ; cependant, au milieu de ce noble dévouement, le héros, couvert de blessures, et affaibli par la perte de son sang, ne peut éviter le malheur de tomber au pouvoir de l'ennemi.

LABRUYÈRE (Pierre), sergent de voltigeurs au 12.ᵉ régiment d'infanterie légère, né à Chivres, département de l'Aisne, étant, en 1807, au siège de Dantzick, traverse trois rangs de palissades, et fait mettre bas les armes à deux officiers prussiens qu'il ramène à son chef de bataillon qui venait d'être blessé. « Je suis fâché, lui dit-il, mon commandant, que les balles ne vous aient pas respecté ; mais je sais que la vue d'un ennemi vaincu cicatrise bientôt les plaies d'un Français : vous voyez que j'ai voulu contribuer à votre guérison. »

(3)

CHAILLEY (Florentin), grenadier au 2.º bataillon de l'Yonne, né à Saint-Florentin, dans le département de l'Yonne, étant en sentinelle, le 28 septembre 1791, à Maubeuge, aperçoit trois Autrichiens qui s'avancent pour le charger. Il les attend à dix pas, tue le premier d'un coup de fusil, marche sur le second qu'il traverse de sa baïonnette; il veut atteindre le troisième, mais il lui échappe, et revient sur lui avec deux de ses camarades qui le saisissent par son fusil avec lequel il se défend encore, le somment de se rendre et de mettre bas les armes. Chailley ne répond à une telle proposition qu'en redoublant de courage et de présence d'esprit; il continue à lutter contre les Autrichiens, les pousse jusque sur les bords d'un fossé, les y renverse tous trois, et revient ensuite achever sa faction.

MAREY, soldat, est un de ceux qui, pour l'exemple, méritent de passer à la postérité la plus reculée. Un officier de l'armée du général Marceau est mortellement blessé; le soldat Marey vole à son secours, le dégage du milieu des Prussiens, et arrête le sang qui coule de sa blessure. Mais bientôt les ennemis reviennent à la charge; accablé par leur nombre, Marey fait d'inutiles efforts pour préserver son officier, qui, craignant de tomber vivant en leur pouvoir, arrache l'appareil, laisse couler son sang et expire dans les bras de celui qui se sacrifiait ainsi pour devenir son libérateur. « Et toi, que fais-tu là ? dit un officier prussien à l'intrépide Marey ? — *J'apprends à mourir.* — Rends tes armes. » Marey s'enfonce sa baïonnette dans la poitrine, et dit : « Maintenant tu peux les prendre, je ne te les rends pas. » C'est à de pareils traits que la France reconnaîtra toujours ses enfans.

Hercule, surnommé Domingue, chef d'escadron, se fit remarquer au passage du pont d'Arcole. Alors maréchal-des-logis des guides du général en chef, il commandait les vingt-cinq braves qui, pendant la bataille, chargèrent une colonne autrichienne et la mirent en déroute. Le commandement favori d'Hercule, en présence de l'ennemi, était : « N'êtes-vous pas de bons b.... ? Eh bien, qui m'aime me suive ! » Tous les grades, depuis celui de maréchal-des-logis jusqu'à celui de chef d'escadron, lui furent conférés à la suite de quelque action d'éclat, fruit du courage et de l'audace la plus extraordinaire. Nommé lieutenant-colonel à la première bataille d'Aboukir, il en reçut les épaulettes du général en chef Bonaparte, qui voulut les lui attacher lui-même. « Es-tu toujours brave ? lui dit un jour ce général. — Vous me connaissez, répondit Hercule, vous n'avez qu'à me mettre à l'épreuve. — En ce cas, je vais te donner un détachement, et tu vas enlever la redoute. » Hercule partit comme la foudre, sabra les canonniers sur leurs pièces, s'élança de la redoute qui lui avait été désignée dans une redoute voisine, sauta de celle-ci dans une troisième, enfin dans une quatrième, et portant partout avec lui la mort et l'épouvante, il s'empara en un clin d'œil de toute la ligne des retranchemens ennemis. Après cette action, Bonaparte étonné lui fit des reproches de ce qu'il avait outrepassé ses ordres. « Que voulez-vous ? lui répondit Hercule, nous étions en si bon chemin.»

Laharpe, lieutenant-colonel (depuis général), commandait, au mois d'août 1792, le château de Rodemack, dernier poste français situé au nord de Thionville, non loin de Luxembourg. Lors de l'invasion des Prussiens, Laharpe fut sommé de rendre cette forteresse. Quelle résistance peut opposer à une armée formidable un château isolé, n'ayant pour garnison que quelques centaines de grenadiers et d'artilleurs ! Un homme moins intrépide que Laharpe se fût hâté de céder à la nécessité, mais rendre la place sans se défendre lui paraît une lâcheté incompatible avec la réputation de bravoure qu'il avait acquise dans les campagnes de Bohême, où il avait servi. Il assemble les officiers de sa garnison, et ne leur dissimule pas les dangers de leur position ; mais il leur montre la patrie, les yeux fixés sur le premier poste attaqué par l'ennemi. « Balancerons-nous, leur dit-il, sur le parti à prendre ? fuirons-nous comme des lâches ? ou nous faudra-t-il recevoir d'indignes fers ? Défenseurs de la patrie, nous porterions des chaînes ! Non, vaincre ou mourir ! Je vous propose d'employer tous les moyens de résistance, en cas d'attaque ; lorsque la résistance deviendra inutile, de faire sauter une partie du château et de passer à travers l'ennemi, baïonnettes et sabres à la main, pour se retirer sur Thionville. Si l'exécution de ce plan devient impossible, il reste toujours une ressource à ces braves gens, qui ne doivent être pris vivans en aucun cas, c'est de laisser entrer l'ennemi et de faire sauter le fort tout à la fois » Tous les officiers souscrivent à ces propositions. Le général Luckner, instruit d'une telle résolution, admire ce dévouement héroïque ; mais il ne peut voir la France exposée à être privée d'aussi braves défenseurs, et ordonne l'évacuation de Rodemack. Laharpe, obligé d'obéir, en fait transporter les munitions et l'artillerie à Thionville, en présence de l'ennemi, et reçoit de son général le surnom de brave, à la tête de l'armée, dans le camp de Richemont.

Dufour, caporal des grenadiers au 1.er bataillon de la cinquième demi-brigade d'infanterie légère, avait été fait prisonnier au combat de la Croix-des-Bouquets. Quatre Espagnols le conduisaient ; il saute sur la baïonnette de l'un d'eux, en tue trois, prend le quatrième au collet et l'amène prisonnier.

Chéret, canonnier, à l'attaque de l'île du fort Vauban, a la mâchoire emportée tandis qu'il pointe un canon. On le porte à l'ambulance, où il reste quelques jours. Mais il n'a pas la patience d'attendre l'entière guérison de sa blessure, et sollicite la permission de retourner au combat. Sur le refus et l'observation qu'il n'était plus en état de servir, ce brave soldat s'écria avec colère : « Ai-je donc besoin de mâchoire pour me battre ? j'ai deux bras et la vue bonne, c'est assez pour pointer un canon et abattre plus d'une mâchoire ennemie. »

Armand, simple grenadier, se distingua par un grand acte de dévouement à la bataille de Zurich. Ce brave s'élança seul au milieu d'un bataillon ennemi, enleva le drapeau, tua trois hommes qui cherchaient à le défendre, et bientôt après, secondé par quatre de ses camarades, il fit mettre bas les armes à quatorze officiers et à cent soixante-trois soldats. Un pareil trait ne pouvait rester sans récompense : l'intrépide Armand reçut un sabre d'honneur.

Herbert (Joseph), soldat au 13.º régiment de chasseurs à cheval, né à Châtillon-lès-Sons (Aisne), faisait partie de la division du général Murat, qui, le 29 mai 1800, traversa la Sezia à la nage, sous le feu de l'ennemi. Dans ce passage, qui s'effectua au milieu des plus grands dangers, chaque cavalier reçut l'ordre de porter un fantassin en croupe. Herbert avait déjà déposé sept grenadiers sur l'autre rive, lorsqu'à son retour pour aller chercher le huitième, il aperçut plusieurs de leurs camarades qui, entraînés par le courant, étaient sur le point de se noyer. Aussitôt il s'élance à travers les flots, et parvient, après les plus grands efforts, à ramener sur le rivage trois de ces braves; au quatrième, ses forces l'abandonnent, et il périt victime de son zèle. Une pareille mort doit assurer l'immortalité.

LECRIS (Charles), âgé de vingt ans, grenadier au 105.ᵉ régiment d'infanterie, reçoit, en montant aux redoutes de Keffendorf, près d'Haguenau, un boulet qui lui casse la jambe. Après avoir souffert l'amputation avec un courage héroïque, il demande sa jambe, et s'écrie, en l'élevant dans ses mains : « O ma patrie ! reçois ce sacrifice. »

AUZONI, capitaine des grenadiers à cheval de la garde impériale, blessé à mort à la bataille meurtrière d'Eylau, était couché sur la neige ensanglantée. Plusieurs de ses camarades viennent pour l'enlever et le porter à l'ambulance; mais ce brave ne recouvre ses esprits que pour leur dire : « Laissez-moi, mes amis; je meurs content, puisque nous avons la victoire, et que je puis terminer ma carrière sur le lit d'honneur, entouré de canons pris à l'ennemi et des débris de leur défaite. En quittant la vie, il ne me reste qu'un regret, c'est que dans quelques instans je ne pourrai plus rien pour la gloire.... à elle mon dernier soupir! » Après ces mots qui achèvent d'épuiser ses forces, il s'endort dans les bras du sommeil éternel.

Barreau (Alexandrine), grenadier, née à Castres, département du Tarn.

L'histoire, qui nous a transmis les noms de Jeanne Hachette et de Jeanne d'Arc, ne sera pas moins juste envers Alexandrine Barreau. Cette femme, voulant partager la gloire et les dangers de son mari Leyrac et de son frère, tous deux grenadiers dans le second bataillon du Tarn, reçoit l'ordre d'attaquer la redoute d'Alloqui, défendue par une nombreuse artillerie et par des retranchemens formidables. L'ennemi oppose une vigoureuse résistance. Alexandrine combat auprès de son mari et de son frère; ce dernier est blessé mortellement, et Leyrac est atteint d'une balle : ce double malheur enflamme le courage de l'héroïne. « Avant de vous secourir, il faut que je vous venge, s'écrie-t-elle alors. » Au même instant, elle se précipite hors des rangs et s'élance la troisième dans les retranchemens : la redoute est emportée. Alexandrine n'en continue pas moins à poursuivre l'ennemi. Déjà dix-neuf cartouches qui lui ont été remises avant l'action sont épuisées, et elle a lâché son dernier coup de fusil, lorsqu'un Espagnol, s'avançant contre elle avec fureur, veut la saisir corps à corps, mais elle l'évite adroitement, lui fend la tête d'un coup de sabre, s'empare de sa giberne, vole à de nouveaux exploits, et ne quitte le champ de bataille que lorsqu'il a retenti des cris de la victoire. De retour dans les retranchemens, elle accourt auprès de Leyrac, panse ses blessures, le presse sur son sein, le porte avec ses braves frères d'armes à l'hospice militaire, lui prodigue les soins de la tendresse conjugale, et attend qu'il soit guéri pour rejoindre avec lui son bataillon.

Bessières, duc d'Istrie, maréchal d'empire, né à Pressac, département du Lot, mérita, par son intrépidité à Rivoli, le commandement des guides de l'armée d'Italie. A Roveredo, il prit deux pièces de canon, et fut chargé de présenter au gouvernement les trophées de cette journée. L'Egypte, l'Italie, l'Allemagne, l'Espagne, furent le théâtre de ses nobles faits d'armes. Il est peu d'actions mémorables où son nom ne soit cité avec de grands éloges. La journée de Marengo fit briller son courage et son humanité : à la tête de sa brigade il chargeait l'ennemi, lorsqu'il aperçut un cavalier autrichien qui, renversé à terre et baigné dans son sang, lui tendait des mains suppliantes pour qu'on ne le foulât pas aux pieds. « Mes amis, cria Bessières à ses cavaliers, ouvrez vos rangs : respect au courage malheureux ! » Bessières a péri de la mort des braves, sur un champ de bataille.

Chambure (Auguste Pelletier de), lieutenant-colonel, officier de la Légion-d'Honneur, ex-commandant des volontaires dits corps francs de la Côte-d'Or, commandait à Dantzick une compagnie de cent hommes choisis parmi les plus intrépides du corps d'armée. Cette élite, qui devait se dévouer aux actions les plus périlleuses et les plus téméraires, s'immortalisa par des exploits qui tiennent du prodige. Pendant l'incendie de Dantzick, les assiégeans s'étaient emparés de l'avancée des redoutes de Frioul où ils appuyaient leur troisième parallèle ; de Chambure demande à aller attaquer cette redoute : pour lui, attaquer, c'était la reprendre. A la tête de ses cent braves, il se glisse au pied de la position, gravit les hauteurs, et, se précipitant dans les palissades, se montre tout-à-coup à l'ennemi. Cent cinquante Russes sont passés au fil de l'épée, le reste est fait prisonnier. Les soldats qui prirent part à cette action ne voulurent d'autre récompense de leur courage que l'honneur de décorer leur compagnie du nom de son invincible capitaine.

D'ARNAUDAT (Jean - Baptiste), sous-lieutenant aux chasseurs - flanqueurs de l'ex-garde impériale, fils du général de ce nom, s'avance le premier dans un bois, à la bataille de Laon, le 9 mars 1814, à la tête d'un détachement de vingt flanqueurs ; et tombe tout-à-coup au milieu d'un gros de cavalerie russe qui s'y trouvait embusqué. Plusieurs flanqueurs sont renversés ; d'Arnaudat, enveloppé de toutes parts, est bientôt séparé de son détachement, mais son courage ne l'abandonne pas. Décidé à faire une vigoureuse résistance, il s'adosse à un arbre, où son caporal, quoique atteint au genou d'un coup de feu qui l'avait mis hors de combat, vient le rejoindre en se traînant jusqu'à ses pieds. « Rendez-vous, il ne vous sera fait aucun mal, leur crie en français l'officier qui commandait l'embuscade. — Ne vois-tu pas que j'ai le sabre à la main, lui répond d'Arnaudat; me prends-tu pour un Russe ? Va, tu n'auras pas bon marché de ma vie. » Cet intrépide officier sabre alors tout ce qui ose l'approcher, il détourne avec sa main les lances des cosaques, et une grêle de balles ne le fait pas trembler. Le maréchal Ney, entendant le bruit des décharges redoublées contre d'Arnaudat, s'adresse aux chasseurs de la garde impériale, et leur dit : « Camarades, suivez ces braves ! » Il était loin d'imaginer que les Russes n'eussent à faire qu'à un seul homme. Les chasseurs arrivent en toute hâte, et sont étonnés de ne voir au pied de l'arbre que le caporal baigné dans son sang, et l'officier qui, le pied fracassé par un coup de pistolet, la cuisse percée de deux coups de lance, et hors d'état de continuer à se défendre, bravant encore les insultes de toute une horde de sauvages, en couvrant de son corps son courageux compagnon à qui il servait de bouclier.

DELBREL (Pierre), soldat, député à la convention nationale, né à Moissac, département du Lot, se distingua à la bataille de la Montagne-Noire, dans les deux journées des 16 et 20 novembre 1794, où non-seulement il concourut à la victoire en conseillant des dispositions qui furent toutes couronnées du plus brillant succès, mais encore en payant partout de sa personne. Au moment où le général en chef Dugommier reçut le coup mortel, Delbrel, sous une grêle de mitraille et d'obus, faisait dans une batterie le service de canonnier. Il ranima par ses discours le courage abattu des officiers et des soldats consternés d'un si triste évènement. « Camarades, leur dit-il, demain nous pleurerons la mort du brave Dugommier ; aujourd'hui nous devons la venger. »

BOUBLOT, grenadier, à l'ouverture de la campagne de 1799, dans le pays des Grisons, saisit au collet, quoique de petite taille, un Hongrois de la plus haute stature, et le conduisit au général Masséna. « Je vous amène un prisonnier, lui dit-il : pour le coup je ne suis plus un conscrit, mais un soldat. —

C'est juste, répartit Masséna ; je te fais grenadier. »

FERRAND (Jean-Louis), général de division, commandant de la Légion-d'Honneur, né à Besançon, département du Doubs, et dont les premières guerres de la liberté avaient immortalisé le nom, fut ensuite envoyé dans les Antilles ; il y recueillit de nouveaux lauriers, et rétablit la tranquillité dans Saint-Domingue. Il jouissait d'un repos qu'il avait acheté au prix de son sang, lorsqu'en 1808, la guerre ayant éclaté entre la France et l'Espagne, les nègres furent engagés de nouveau à lever l'étendard de la rebellion. Ferrand marche contre eux, et leur livre un combat ; mais, au fort de la mêlée, il se voit abandonné de ses meilleures troupes. Dans une situation si critique, le désespoir s'empare de son âme ; il cherche la mort au milieu des rangs ennemis, elle semble le fuir: alors il se brûle la cervelle d'un coup de pistolet. La postérité dira de lui qu'il termina une glorieuse carrière au champ d'honneur.

GORIS (Jérôme-Joseph), maréchal-de-camp, commandant de la Légion-d'Honneur, né à Catillon, département du Nord, déploya, le 20 avril 1797, la plus rare valeur au passage du Rhin. Placé en avant de Diersheim par le général Moreau lui-même, il avait l'ordre de tenir jusqu'à la dernière extrémité, afin d'empêcher l'ennemi de tourner le village. A peine Goris a-t-il pris position, que nos troupes sont repoussées par des forces supérieures, et que son bataillon (le premier de la 17.ᵉ demi-brigade), resté seul en évidence, est foudroyé par l'artillerie autrichienne. La mitraille et les boulets emportent des files entières ; quatre fois le drapeau du bataillon est renversé ; le découragement se met dans les rangs, les soldats murmurent : il n'y a plus moyen d'obtenir d'eux une plus longue résistance. Cependant l'intrépide Goris n'a pas perdu tout espoir ; il se porte tout-à-coup à cinquante pas en avant du front de bataille, et là, pour ranimer sa troupe, il s'écrie d'une voix de Stentor : *Soldats, je suis devant vous !* La vue d'un chef qui affronte le plus grand des périls donne de la force aux plus timides ; le bataillon tient ferme, sa contenance assurée impose aux Autrichiens, et, pour Goris, le prix de tant d'efforts est la conviction d'avoir puissamment contribué à la victoire.

2**

Jobert (Jean-Baptiste), capitaine au 21.º régiment d'infanterie de ligne, chevalier de la Légion-d'Honneur, né à Pressigny, département de la Haute-Marne, pénétra, le 29 juin 1809, avec trente voltigeurs dans l'île d'Abern, défendue par dix-huit cents hommes du régiment de Saint-Julien, ayant avec eux deux pièces de canon. Après avoir surpris et désarmé une sentinelle qui lui fit connaître la position de l'ennemi, il place la moitié de son monde en tirailleurs, se dirige avec quinze hommes sur le point où devaient se trouver les deux pièces d'artillerie, les fait attaquer à la baïonnette au moment où elles venaient de faire feu, s'en empare de vive force, et fait prisonniers un officier et quinze canonniers. Il détache alors huit de ses soldats pour conduire cette prise au régiment, et leur indique la route qu'ils doivent suivre, lorsqu'il aperçoit un fort détachement d'Autrichiens : « Mes amis, courons sus, » s'écrie-t-il aussitôt, en s'élançant sur le colonel ennemi, qu'il somme de se rendre, et dont il saisit la monture du sabre. Une lutte s'engage entre eux ; le colonel ordonne à sa troupe de faire feu. « Ne tirez pas, s'écrie Jobert ; votre artillerie est en mon pouvoir, et à l'instant, si vous ne déposez vos armes, je vous fais mitrailler. » Le colonel réitère son ordre, on tire quelques coups de fusil ; mais Jobert relevant le bout des canons avec la pointe de son épée, détourne le feu. Les Autrichiens irrités tombent sur lui à coups de baïonnette et de crosse de fusil. Déjà il a reçu cinq blessures graves et il va succomber, quand le caporal Cuniot, témoin du danger qui menace son officier, couche en joue le colonel ennemi, et le renverse. La troupe rend les armes : deux capitaines et deux lieutenans, cent vingt sous-officiers ou soldats, deviennent les prisonniers de quinze Français. Jobert les fait conduire à son régiment par une douzaine des compagnons de sa valeur. Demeuré presque seul, il fait sonner le ralliement, et après avoir réuni ses quinze tirailleurs, il reste en place, attendant avec eux un renfort qu'il a fait demander. Le lieutenant Constant, à la tête de cent cinquante voltigeurs, arriva bientôt ; ils se mirent ensemble à la poursuite de l'ennemi, lui firent encore quatre cent cinquante prisonniers, et le chassèrent de l'île, où ils s'établirent jusqu'à ce que leur régiment en eût pris possession.

Mandement, soldat au 6.° régiment de cavalerie, se distingua lorsque nos bataillons s'élançaient à Hondschotte dans les redoutes ennemies : on demande des hommes de bonne volonté pour porter des munitions à nos soldats, Mandement se présente le premier, part au galop, et arrive vers l'infanterie en criant : « Camarades, avez-vous besoin de cartouches ?— Non, répondent ces braves ; nous tirerons sur l'ennemi à l'arme blanche. » En se retirant, Mandement aperçoit de l'autre côté d'une haie dix soldats qui gardaient un drapeau ; les prenant pour des Français, il leur crie : « Amis, voilà des cartouches.— Apportez, leur répondent-ils ? » Il franchit la haie, et reconnaît les Anglais qui sautent aussitôt à la bride de son cheval. Alors, feignant de se rendre, il laisse tomber son sac, et tandis que les ennemis s'occupent de ramasser les cartouches, il tire son sabre, s'empare du drapeau, se fait jour à travers les soldats, et franchit de nouveau la haie. A peu de distance de là, il rencontre le régiment dont il emporte le drapeau ; il le traverse sous la fusillade et au milieu des baïonnettes ; mais ayant tout-à-coup aperçu le colonel, il court droit à lui, et le menace de le sabrer en lui criant : « Rendez-vous ; c'est la cavalerie française qui accourt vous charger. » A ces mots l'ennemi effrayé prend la fuite, l'intrépide Mandement jette son drapeau, et entraîne avec lui le colonel qui est devenu son prisonnier.

Niou (Louis), capitaine au 19.e régiment de chasseurs, s'immortalisa près de Trèves, lorsque le général Dufour venait d'emporter les redoutes de Pélingen. Les Autrichiens, dont la cavalerie est quatre fois plus nombreuse que celle du général français, s'avancent sur son infanterie, qui n'occupait pas encore les retranchemens conquis. Il fallait prévenir l'impétuosité du choc des escadrons ennemis, ou se résoudre à en être écrasé. Le général Dufour ordonne à Niou de charger avec sa troupe légère la masse presque impénétrable de la cavalerie autrichienne. Ce jeune homme, âgé de dix-neuf ans, regarde son général avec des yeux où brillent l'audace, le mépris des dangers et la certitude de la victoire. « Il lui dit : Où m'envoies-tu ? — A la mort, mais à la gloire ; marche, répond le général. » L'impétueux Niou vole au combat et sauve l'armée.

Frix, grenadier du Gers, atteint d'une balle à la cuisse, au camp de Serre, brûle vingt cartouches et soutient le choc de la cavalerie ennemie. Rendu à l'hôpital, il arrache la balle avec son tire-bourre, et ne guérit qu'après avoir perdu un os. Trois mois après, il reçoit, près d'Andaye, une balle à la tête, brûle deux cents cartouches et tue six Catalans à l'arme blanche. Dans un combat où il fait feu au premier rang, un boulet de canon tombe à ses pieds et le couvre de terre, tandis qu'un autre boulet lui emporte la moitié de sa giberne ; au même instant une balle lui crève un œil. Transporté à l'hôpital, il tombe dans un état de faiblesse qui fait croire qu'il est mort. Le médecin ordonne qu'on l'enterre. Le soldat se réveille et lui crie avec fureur : « Malheureux ! tu veux donc m'enterrer tout vivant ! J'ai encore du sang à verser pour la patrie. » Frix guérit de la gangrène ; on le force à recevoir son congé, il le déchire, et monte le lendemain à l'assaut d'une citadelle.

Napoléon, après la bataille d'Arcole, qui dura deux jours, toujours infatigable, dans la nuit qui suivit ce terrible combat, parcourut son camp en uniforme de simple

La Sentinelle en défaut.

officier. Il aperçoit une sentinelle qui s'était endormie ; il lui enlève son fusil, et fait la faction à sa place. Le soldat s'éveille enfin , et aperçoit son général remplissant son poste ; il s'écrie : « Bonaparte ! je suis un homme perdu ! — Rassure-toi, mon ami , répond le général : après tant de fatigues il est bien permis à un brave comme toi de s'endormir ; mais une autre fois choisis mieux ton temps. »

VINCENT, général , chargé de s'emparer du fort de Rheinfeld, à la tête d'un détachement de l'armée de la Moselle , en fit la reconnaissance par un moyen qui atteste sa bravoure. Il n'avait pas la vue trop bonne. Voulant s'approcher d'assez près pour connaître par lui-même les endroits qu'on pourrait attaquer, il se dépouille de l'uniforme de général , prend celui de simple soldat , et feint d'être en sentinelle perdue , avec un fusil de munition au bras ; l'ennemi tire plusieurs coups de carabine sur lui : rien n'arrête ses observations. Après avoir froidement tout examiné, il profite de la nuit pour faire élever tous les ouvrages nécessaires à l'attaque de cette place ; son artillerie de position est amenée devant la citadelle, contre laquelle avait aussi marché le général Debrun. Les moyens développés par le général Vincent paraissent si décisifs à l'ennemi, que les troupes qui composaient la garnison du fort se précipitent sur la rive droite du Rhin, et laissent la place au pouvoir des Français, avec trente-neuf bouches à feu, dont la plus grande partie en bronze et de gros calibre.

JÉRÔME, adjudant-major du 4.ᵉ bataillon de l'Ardèche, ayant reçu ordre de son chef de bataillon, dans la glorieuse journée du 3 frimaire an 4, où furent défaits les Autrichiens et les Piémontais, de se transporter, avec vingt-cinq hommes, dans la vallée de Toirano, près de la Chartreuse, pour protéger la gauche de la colonne qui y défilait, exécuta cet ordre avec intelligence, et soutint une fusillade très-vive. Blessé à la tête, il rejoignit son chef, refusa d'aller se faire panser, marcha avec le bataillon, et gravit un des premiers au-dessus des camps ennemis. Arrivé sur une hauteur présentant un assez vaste plateau, il aperçut un peloton de 150 Autrichiens qui dépouillaient 4 prisonniers français. Il se précipita sur les ennemis, à la tête de

15 hommes, dégagea les 4 volontaires, et fit prisonniers les 150 Autrichiens.

Wimpffen (le baron Félix de) commandait dans Thionville, lorsque cette place fut assiégée (1792) par une armée prussienne de 40,000 hommes, forcée de se retirer au bout de cinquante-trois jours de la plus vigoureuse résistance. Le caractère de gaieté des Français ne se démentit pas au milieu des horreurs de ce siège. Les femmes les plus délicates se livraient avec joie aux travaux pénibles qu'il exigeait ; elles portaient des secours avec intrépidité aux endroits les plus exposés, et elles dansaient autour des bombes qui tombaient dans la ville. Les canonniers avaient déposé une somme qui fournissait les récompenses pour ceux qui tiraient le plus juste. Celui qui démontait une pièce de l'ennemi était embrassé, couronné de lauriers aux cris de *vive la nation !* les maladroits, au contraire, payaient une amende. L'assiégeant pouvait voir de ses retranchemens cette gaieté et cet esprit vraiment national qui se faisait un jeu de l'art le plus terrible.

La première place assiégée en 1792 par les puissances coalisées contre la France, fut Thionville : investie le 24 août par les Prussiens, le duc de Brunswick la somma de se rendre. M. de WIMPFFEN, qui était gouverneur de cette place, répondit au duc de Brunswick ces paroles pleines de courage : « Vous pouvez tout mettre à feu et à sang dans Thionville, vous pouvez y commettre toutes les horreurs, mais vous ne ferez faire ni à moi ni à ceux que je commande une lâcheté. »

DURAND (Pierre), soldat, lors d'une attaque vigoureuse qui fut faite à la ville de Menin, le 5 nivôse an 3 (25 décembre 1796), se précipite dans le corps-de-garde d'un poste avancé au milieu duquel étaient quinze fusils en faisceaux ; il les renverse d'un coup de pied, se place de manière à empêcher les Autrichiens de s'en saisir, et leur présentant sa baïonnette, il leur crie d'une voix terrible : « Mes camarades me suivent ; rendez-vous ou vous êtes morts. » Ces quinze Autrichiens, épouvantés d'une telle audace, ne doutant pas qu'un grand nombre d'ennemis allaient fondre sur eux, se rendent prisonniers à un seul Français.

MINIER, simple hussard, à l'attaque des Anglais vers Druten, en 1795, eut l'intrépidité de pénétrer seul dans les rangs d'un bataillon ennemi, tua l'enseigne et enléva le drapeau.

DUHESME, général, né en 1766, fut commandé par le général Moreau pour exécuter le passage du Rhin, au-dessous de Kehl, à Diersheim ; à peine parvenu sur la rive opposée, il rangeait quelques troupes en ligne, pour couvrir le point de débarquement, qu'il se voit attaqué par un régiment autrichien. Il fallait se rendre ou se noyer dans le Rhin, ou repousser tout le régiment. Duhesme fait battre la charge : son tambour tombe mort. Ce général, saisissant la caisse et la battant avec le pommeau de son épée, précède ses soldats et les appelle au combat. Il donna le temps au reste de ses troupes de le joindre.

DUMAS (Alexandre), né à Saint-Domingue en 1762, passa en France pour combattre avec ses défenseurs dans le Tyrol. Il se porta en avant avec une vingtaine de dragons détachés en éclaireurs pour ob-server les mouvemens de l'ennemi. Le 4 germinal an 5 (25 mars 1797), il avait donné ordre à un général de brigade de se mettre en bataille derrière un ravin, afin de le soutenir. La cavalerie autri-chienne, voyant le petit nombre qu'elle

3*

avait devant elle, les charge vigoureusement; l'escorte de Dumas est mise en déroute, sans qu'il lui soit possible de la rallier. Arrivé au pont de Clausen, village en avant de Brixen, Dumas se précipite seul à la tête du pont, et y arrête pendant plusieurs minutes un escadron de cavalerie ennemie qu'il force à la retraite. Entouré par une vingtaine d'Autrichiens, il en tua trois et en blessa huit; il ne reçut que trois légers coups de sabre. L'ennemi, étonné, épouvanté de sa courageuse résistance, tourna le dos et prit la fuite, se doutant qu'il était soutenu. Dumas criait, en frappant à coups redoublés : « Rendez-vous, l'armée française me suit. »

ALIX (Jean-Baptiste), chef d'escadron au 2.ᵉ régiment de cuirassiers, officier de la Légion-d'Honneur, né à Oullius, département du Rhône, fut long-temps cité comme un des plus intrépides officiers de l'arme dans laquelle il servait. A l'affaire de Mont-Castel, le 17 mai 1794, avec dix hommes de cavalerie, il chargea contre des bataillons entiers, enleva une pièce de canon, et fit deux cents Anglais prisonniers. Cinq jours après, au combat de Lers, il se précipita dans la

mêlée; ayant eu son sabre cassé en se défendant contre un parti nombreux d'Autrichiens, il se replia sur les avant-postes,
s'arma d'un second sabre, et engagea deux
cavaliers à le suivre pour voler avec lui à
de nouveaux exploits. A peine eut-il fait
quelques pas qu'il aperçut derrière une
haie un peloton ennemi qui faisait un feu
des plus meurtriers; sans hésiter il fond
sur cette troupe, en criant : *Escadron,
en avant !* Epouvanté d'une attaque aussi
brusque qu'elle est imprévue, l'officier qui
commande le peloton s'approche d'Alix,
et le supplie, en français, d'épargner ses
soldats, à qui il ordonne de mettre bas les
armes : cinquante prisonniers furent le
fruit de tant d'audace. Les Autrichiens,
surpris de voir que le prétendu escadron
ne se composait que de deux cavaliers, en
manifestèrent leur étonnement; mais le
brave Alix, ayant su leur imposer par
sa contenance ferme et assurée, parvint à
les faire marcher devant lui. « Il faut
avouer, répétait à chaque instant l'officier
autrichien, que vous m'avez fait une belle
peur ! » Les glorieuses campagnes de l'armée d'Italie fournirent plus d'une fois au
chef d'escadron Alix l'occasion de se signaler. Avec douze hommes il chassa de Mutta

3**

les Autrichiens qui, avec des forces supérieures, occupaient une position avanta-
geuse, et enleva onze de leurs hussards
qu'il ramena prisonniers. Il fit également
des prodiges de valeur à la bataille de Tagliamento. Après avoir pris part avec son
régiment à deux charges des plus brillantes, il se retirait, lorsqu'il vit dans la plaine
deux hussards autrichiens qui s'avançaient
pour sabrer un dragon du 15.e régiment,
qui, démonté et blessé, avait été renversé
dans un fossé. Alix partit au galop, attaqua les hussards, leur fit mordre la poussière et délivra le dragon. La célèbre
journée de Marengo mit le comble à la
réputation guerrière de cet officier, qui,
avec le 2.e régiment de cuirassiers qu'il
commanda pendant l'action, concourut
à la mémorable victoire dont le résultat fut le traité de Campo-Formio. Alix
montra alors qu'à l'habileté d'un chef
expérimenté, il savait joindre l'intrépidité du soldat : seul et au fort de la mêlée, il s'élança au milieu des bataillons
ennemis où il enleva un drapeau. Un
sabre d'honneur fut la récompense d'une
si belle conduite.

ARCHER, grenadier au 46.e régiment
d'infanterie de ligne, s'est fait remarquer

par un trait qui caractérise le soldat français, en même temps qu'il honore le général, et prouve la confiance qu'il savait inspirer à l'armée. La veille de la bataille d'Austerlitz, qui était aussi la veille de l'anniversaire du couronnement de Napoléon, le 46.ᵉ régiment rentrait du bivouac très-fatigué, lorsque l'empereur, accompagné de son état-major, à pied, vint à neuf heures du soir visiter les lignes. La compagnie des grenadiers dormait seule d'un profond sommeil. « Parbleu, dit Napoléon, voilà une compagnie qui dort paisiblement. — Je le crois f..... bien, lui répond aussitôt le grenadier Archer, qui, n'étant pas encore tout à fait endormi, avait reconnu la voix du chef de l'armée; nous pouvons dormir quand tu veilles. » Tous ses camarades se réveillèrent aussitôt, et étaient prêts à punir ce qu'ils envisageaient comme un manque de respect, lorsque l'empereur s'approcha du grenadier, et lui donna cinq napoléons en or. « Général, lui dit alors Archer, tu n'as pas besoin de t'exposer; je te promets, au nom des grenadiers, que tu n'auras à combattre que des yeux, et que demain nous t'amènerons les drapeaux et les canons de l'armée russe, pour fêter l'anniversaire de ton couronnement. » Après cette promesse d'une énergie remarquable, Archer prend de la paille qu'il allume au brasier, en criant : *Vive Napoléon!* Cet exemple est suivi par la compagnie et par tous les corps de l'armée : ce qui forme à l'instant, et comme par enchantement, une grande illumination qui causa à l'ennemi autant de surprise que d'inquiétude.

BIOLAC (Pierre), soldat à la 17.e demi-brigade d'infanterie légère, naquit à Guillan, département de l'Aude, d'où il partit avec les premiers défenseurs de la liberté. Le 3 août 1796, au combat de Castiglione, Biolac s'élança l'un des premiers dans les retranchemens ennemis, tua plusieurs canonniers à coups de baïonnette, s'empara de deux pièces de canon, poursuivit ensuite les Autrichiens, et fit sept grenadiers hongrois prisonniers. Biolac fut l'un des plus intrépides soldats de l'armée française : ce brave, qui avait quitté la herse pour prendre le fusil, mourut au champ d'honneur.

BAUZIL, chef d'escadron au 3.e régiment de cuirassiers, officier de la Légion-d'Honneur, né dans le département de l'Arriège, fut l'aîné d'une famille de braves.

Amant passionné de la gloire, il avait sept frères, et il les enrôla successivement sous les étendards de la patrie. Les huit Bauzil furent officiers en même temps; tous rivalisèrent entre eux de courage et de dévouement (1). Vingt actions éclatantes, pendant les guerres qui ont le plus illustré nos armes, firent mentionner d'une manière glorieuse le chef d'escadron Bauzil. L'Italie, l'Allemagne, la Russie, l'Espagne et la Belgique, furent tour-à-tour les théâtres où se déploya sa valeur. Mais il ne lui suffisait pas d'avoir obtenu la réputation de vaillant officier, il voulut encore être cité pour son humanité envers les vaincus. En 1808, il était lieutenant au 18.ᵉ régiment de dragons; la division dont il faisait partie alla prendre possession de l'Escurial, et marcha ensuite sur Salamanque par Avila.

(1) En 1807, à Elbing, Bauzil, au nom de cinq de ses frères, demanda à l'empereur une place d'élève du gouvernement dans un lycée pour le plus jeune d'entre les huit. Après une foule de questions auxquelles cet officier répondit toujours de la manière la plus catégorique, Napoléon s'informa auprès de lui quelles étaient les productions de l'Arriège : *Du fer et des soldats*, lui dit Bauzil. (Il y a effectivement des mines de fer dans ce département.) Enchanté de ce laconisme, l'empereur accorda sur-le-champ ce qu'on lui demandait.

Bauzil, qui se trouvait toujours à l'avant-garde, entra l'un des premiers dans cette dernière ville; la junte reçut aussitôt l'ordre de sommer les habitans de remettre avant une heure à nos troupes les armes dont ils étaient possesseurs. Il fallait se soumettre à cet ordre ou s'attendre à être fusillé. Un capitaine des gardes du roi Charles **IV** servait d'interprète à la junte; cet Espagnol proposa à Bauzil de venir loger chez lui : le lieutenant accepte l'offre. A peine est-il dans la demeure du Castillan qu'il voit une jeune femme éplorée : c'est l'épouse du capitaine des gardes. Mère depuis peu de jours, elle n'est pas encore rétablie de ses couches. Elle a entendu dire que les Français doivent tout mettre à feu et à sang, elle s'abandonne au désespoir; mais Bauzil s'offre de dissiper ses alarmes et de la rassurer, en lui jurant qu'il saura la préserver de tout danger. Le mari s'éloigne un instant, et revient bientôt portant à la main un sabre magnifique et une paire de pistolets du plus grand prix : les armes étaient recouvertes de lames d'or et enrichies de pierreries. « Acceptez ce présent, dit-il à l'officier français, vous venez de me rendre un service, et je ne saurais mieux vous en témoigner ma reconnaissance qu'en vous faisant hommage de ces objets; c'est un don que me fit l'un de mes oncles, capitaine-général, lorsque je fus appelé par sa majesté à commander une compagnie de ses gardes. » Bauzil refusa d'abord; mais ayant ensuite réfléchi qu'il était expressément défendu aux habitans d'avoir des armes chez eux, il céda à de nouvelles et plus pressantes sollicitations. Toutefois il se promettait bien de ne pas garder ce présent. En partant d'Avila, il rendit à son hôte le sabre et les pistolets qu'il en avait reçus; celui-ci fit à son tour des difficultés pour les reprendre : « Quelle preuve vous donnerai-je donc de ma gratitude ? — Une seule, répondit Bauzil : promettez-moi de ne jamais faire usage de ces armes contre mes compatriotes. — Je le jure, répartit l'Espagnol vivement ému, je le jure; et, quoique avant de vous connaître j'aie été l'un des plus ardens ennemis des Français, touché de leur loyauté, vous me verrez désormais parmi leurs plus zélés partisans. » Il tint parole, et deux ans après Bauzil le revit à Madrid : il était comblé des grâces du roi Joseph qui venait de le nommer préfet de Talavera. Il ne faut que des soldats et de la poudre pour envahir un territoire ; mais pour le conquérir, il faut des vertus : la première de toutes est le respect des personnes, des usages et des propriétés ; celle-là seule peut faire que, hors du champ de bataille, les vainqueurs se confondent avec les vaincus. Pendant la campagne de Saxe, Bauzil combattit à Dresde et à Leipsick, où sa bravoure lui mérita des éloges.... Le soir de la bataille de Mont-Saint-Jean, lorsque le brave Lacroix, colonel du 3.e régiment de cuirassiers, eut été mortellement blessé, Bauzil, alors chef d'escadron dans ce corps, en prit le commandement, et défendit avec autant de courage que d'habileté une position des plus importantes. De quatre escadrons et demi que, dans la matinée, il avait sous ses ordres, il ne lui restait plus que trois pelotons. Avec cette poignée de soldats il faisait encore bonne contenance, quand le maréchal Ney, qui voulait ou vaincre ou mourir, lui ordonna de charger, et se mit lui-même à la tête de ces débris : mais que peuvent quelques cavaliers pour enfoncer des masses formidables d'un ennemi vingt fois supérieur en nombre ? Les cuirassiers, accueillis par un feu des plus terribles, sont partout repoussés. Bauzil est démonté pour la troisième fois de cette journée. Accablé de fatigue, obligé de marcher à pied avec une seule botte, l'autre étant restée sous son cheval, souffrant cruellement d'une blessure qu'il a reçue au genou en 1814, et qui vient de se rouvrir, il va tomber au pouvoir de l'ennemi, qui déjà le déborde de toutes parts, lorsqu'un sous-lieutenant, se dévouant pour le sauver, met pied à terre, le force d'accepter son cheval, et s'expose ainsi à être tué ou fait prisonnier. Licencié en 1815, le chef d'escadron Bauzil a fixé son séjour au pied des Pyrénées.

BONNET (Jean-Antoine-Daniel), capitaine au 23.ᵉ régiment d'infanterie légère, chevalier de la Légion-d'Honneur, né à Nyons, département de la Drôme, reçut du général Bardet, le 7 mars 1814, l'ordre de se renfermer dans le fort de l'Ecluse avec un détachement de *cent conscrits*, qui devaient défendre ce fort et protéger en même temps la retraite d'une division. Quatre pièces de canon, une très-petite quantité de munitions de guerre, des approvisionnemens pour peu de jours, des fortifications tombées en ruine, tels étaient les faibles moyens avec lesquels il fallait se décider à soutenir un siège, et arrêter la marche d'une armée. Se mettre en état de conserver les positions avantageuses qui dominent le fort, faire les dispositions convenables pour mettre l'ennemi dans l'impossibilité de les tourner, réparer et augmenter les ouvrages extérieurs : tant de travaux, dont l'exécution demandait du temps et des bras, furent entrepris et achevés avec autant de promptitude que d'habileté. Douze jours suffirent au capitaine Bonnet pour former des canonniers, élever des retranchemens et se préparer à l'attaque. Après avoir pris toutes ces précautions, il songea à mettre à profit le patriotisme des habitans des communes environnantes, qui, à l'approche des étrangers, avaient montré le plus entier dévouement ; il fit un appel à leur courage : tous s'empressèrent d'y répondre. L'adjoint municipal de Cologne, le brave Béatrix, commandant la compagnie franche du Léman, parcourut les campagnes, recruta un grand nombre de citoyens zélés pour la défense de leurs foyers, et vint, à la tête de cette troupe, se joindre à la garnison du fort de l'Ecluse. Le lieutenant Méret, du 60.ᵉ de ligne, commandant un détachement de quarante hommes chargés de défendre les hauteurs, devait combiner ses opérations avec ce renfort ; il assigna à chacun son poste, et organisa la résistance en officier qui connaît la guerre. Cependant les Autrichiens s'avançaient. Un aide-de-camp du général Klébesberg vint bientôt, au nom du général en chef Bubna, sommer le capitaine Bonnet de rendre la place. « Un officier qui pendant vingt ans à combattu pour son pays, répondit le capitaine Bonnet, est toujours indigné quand on lui fait de pareilles propositions. — Vous vous trompez, reprit le parlementaire ; les propositions que j'ai ne sont pas de nature à vous offenser, ni à vous compromettre. Le général en chef vous offre cent mille francs et un grade honorable dans l'armée autrichienne, si vous remplissez ses intentions ; dans le cas contraire.... » Bonnet ne lui laisse pas le temps d'achever : « Je sais, lui dit-il, que je dois m'attendre à tout de la part d'un ennemi qui paraît n'estimer que la lâcheté et la trahison : l'honneur est le bien le plus précieux pour un militaire français ! Allez dire à votre général que ses offres ne me tentent pas plus que ses menaces ne m'effraient ; que je suis résolu à ne

4*

me rendre qu'à la dernière extrémité, et qu'il n'aura pas si bon marché de moi qu'il le pense. » Le parlementaire se retira, et l'avant-garde autrichienne, forte de trois à quatre mille hommes, et ayant avec elle six pièces de douze et trois obusiers, se présenta devant le fort; la canonnade fut d'abord très-vive de part et d'autre. La jactance de l'ennemi était extrême; il croyait entrer dans l'Écluse après deux heures de combat. Il fut cruellement détrompé en voyant ses meilleurs canonniers tués ou blessés, et plusieurs de ses pièces démontées; néanmoins, il ne renonça point à l'espoir de se rendre maître de cette importante barrière de la France, et, pour y parvenir, il essaya de tourner le fort par la montagne. Le lieutenant Méret défendit le passage avec une rare intrépidité; puissamment secondé par un détachement du 6.ᵉ bataillon du 79.ᵉ de ligne, qui était accouru du village de Bellegarde pour prendre part à l'action, il accueillit les Autrichiens de manière à les faire repentir de l'avoir attaqué. Cependant, tandis qu'il était encore aux prises avec eux, les canons et les obusiers faisaient d'affreux ravages dans le fort. Un grand nombre d'obus ayant percé les murs des casernes, avaient fait explosion dans l'intérieur ; le pont-levis du côté des assaillans était fortement endommagé ; déjà une des chaînes, et plusieurs cordages qui le tenaient suspendu, avaient été rompus par le boulet. Dans cet instant Bonnet, qui, depuis le commencement du combat, avait montré une prodigieuse activité, s'approche du pont et se met en devoir de l'assujétir par de nouveaux cordages ; mais il n'a pas plutôt entrepris de le faire, qu'un boulet brise l'autre chaîne et l'oblige à recommencer son travail sous un feu des plus meurtriers. Sa position devenait de plus en plus critique, lorsqu'une ordonnance qu'il avait envoyée sur la montagne vint lui donner avis que nos troupes occupaient encore les mêmes positions, et que le nombre des citoyens armés qui venaient se réunir à elles, s'était considérablement accru. Il était tard, et la nuit approchait. Bonnet croyant qu'il était temps de mettre fin à cet engagement par un coup décisif, fit battre la charge. Soldats et citoyens, tous attendaient ce signal avec impatience ; tous se précipitèrent avec une ardeur sans égale sur l'ennemi, qui, culbuté sur tous les points et mis dans la déroute la plus complète,

4**

se retira en couvrant la terre de ses morts et de ses blessés. Le général Klébesberg s'étant aperçu de ce mouvement, craignit pour son artillerie; il ordonna aux conducteurs des pièces de se diriger au galop sur Genève, et ne dut lui-même son salut qu'à la vitesse de son cheval, ou plutôt à sa prudence, qui le tenait toujours éloigné du danger. La Grèce n'eut qu'un Léonidas; plus féconde en héros que ne le furent les âges de l'antiquité, la France de nos jours est fière de compter par milliers ces hommes à qui leurs exploits et leurs vertus auraient jadis mérité des autels et les honneurs de l'apothéose. Cette patrie, qui nous est chère à tous, n'apprendra pas, sans un sentiment de gratitude et d'admiration, qu'au pied des Alpes cent jeunes recrues, commandés par un brave, arrêtèrent une armée nombreuse, et la forcèrent à rétrograder, après lui avoir fait éprouver la honte d'une défaite. Cette poignée de Français et son chef étaient glorieux de leur triomphe, lorsque, trois jours après, une dépêche du général comte Marchant leur apprit qu'à la suite d'une victoire trop facile, puisqu'elle n'avait pas été disputée, Lyon venait de tomber au pouvoir de l'ennemi; le général leur donnait en même temps l'ordre d'évacuer le fort pendant la nuit, et d'aller se joindre à d'autres corps sur la rive droite du Rhône. Le capitaine Bonnet fut inconsolable de voir que son dévouement avait été inutile; préférant s'ensevelir sous les ruines de la place plutôt que de l'abandonner, il voulait y mourir. Cependant l'espérance de rencontrer encore l'occasion de servir son pays le détermina à obéir aux ordres qu'il avait reçus; mais il ne le fit qu'après avoir encloué les canons, brisé les affûts, et détruit les munitions qu'il ne pouvait pas emporter. (*Fastes de la Gloire.*)

BONSERGENT (Jean-Baptiste), capitaine adjoint aux états-majors de l'armée, chevalier de la Légion-d'Honneur, naquit à Montmartre, département de la Seine. Trente années de service, vingt-quatre blessures, dont huit coups de feu et seize coups de sabre, plus de vingt actions d'éclat, des traits nombreux d'héroïsme et de dévouement, tels sont les titres du capitaine Bonsergent à l'estime des braves. Soldat, fourrier, maréchal-des-logis, capitaine, canonnier, hussard ou dragon, Bonsergent donne partout l'exemple d'une intrépidité et d'un sang-froid à toute épreuve. De même que le prince vice-roi

d'Italie, qui sut apprécier ses vertus guer-
rières, il fut le preux de tous les momens.
Amant passionné de la gloire, des périls à
affronter, un obstacle à surmonter, étaient
toujours pour lui une bonne fortune ; im-
patient de combattre et de vaincre, il
comptait pour rien dans la vie les jours où
il ne s'était pas mesuré avec les ennemis
de sa patrie. Jamais une occasion de se
signaler n'échappa à son humeur chevale-
resque. Cependant, pour ne point excéder
les bornes d'une simple notice, nous ne
rapporterons ici qu'une partie des exploits
de cet officier. Après avoir fait des prodiges de valeur dans un combat, en 1793,
près de l'abbaye de Haguenau, Bonsergent se fit encore remarquer par son intrépidité dans Manheim ; et le général
Montaigu, commandant supérieur de la
place, le regardait comme un des plus
vaillans soldats de la garnison. Les premières campagnes en Helvétie ajoutèrent
encore à sa réputation de bravoure. A
Nidau, il chargea seul sur une pièce
de canon défendue par des Suisses, sabra les artilleurs et les charretiers, s'empara des chevaux et ramena la pièce au
général Fressinet. A Winterthur, il se
précipita sur des hussards de Barco, pour

dégager l'un de ses officiers, le lieutenant Bacher, qui, après avoir long-temps
résisté, était hors de combat, et sur le
point d'être fait prisonnier. Peu de jours
après, au milieu d'une charge contre la
cavalerie autrichienne, il mit pied à
terre pour secourir le hussard Legris, qui,
renversé sur le champ de bataille, était
déjà au pouvoir de l'ennemi. Après avoir
délivré ce soldat, il l'aida à remonter sur
son cheval, se fit jour à coups de sabre,
à travers une nuée de combattans, et
rejoignit avec lui son régiment qui ne
s'attendait plus à le revoir. A Schaffhausen,
il traversa l'un des premiers deux camps
où les Russes s'étaient retranchés, chargea, avec le capitaine Chocq, contre
une pièce d'artillerie, l'enleva, et fit mettre
bas les armes à cent cinquante grenadiers.
A la bataille de Feldkirch, Bonsergent,
faisant partie d'un faible détachement commandé par le sous-lieutenant Roth, pénétra encore l'un des premiers dans un gros
bourg où était embusquée une compagnie
ennemie, qui, malgré la plus opiniâtre défense, fut obligée de se rendre à une
poignée de Français. Blessé peu d'instans
après d'une balle à la jambe gauche, il
subit, sur le champ de bataille, une

opération des plus douloureuses, remonta aussitôt à cheval, et se sentit encore assez de force pour aller se venger. Il continua de combattre, et fit mordre la poussière à tous ceux qui osèrent lui résister. A Kempten, en Souabe, avec le lieutenant Birdoula, il s'élança impétueusement sur un peloton du régiment de Waldecker, fut atteint de deux coups de sabre, combattit encore, et fit prisonnier le maréchal-des-logis qui l'avait blessé. Le brave lieutenant Bridoula, frappé mortellement dans cette action, ne survécut pas à ses blessures. A l'affaire de Salzbourg, Bonsergent s'étant précipité dans la mêlée pour sauver le chef d'escadron Wery, qui, mis hors de combat et enveloppé de toutes parts, allait infailliblement être pris, fut lui-même cerné et fait prisonnier. Délivré presque aussitôt par le lieutenant Prospère, ils chargèrent ensemble contre un gros de cuirassiers, et réussirent à le disperser. C'était la dernière fois que l'intrépide Bonsergent partageait la gloire et les dangers du 6.° régiment de hussards. Appelé auprès du vice-roi d'Italie, et nommé sous-lieutenant dans le régiment des Dragons-Napoléon, il fit avec ce corps la campagne de 1809. Le 16 avril, devant Pordenonne, avec douze cavaliers, il culbuta l'infanterie autrichienne et fit trente prisonniers. Pendant l'action, un biscayen qui traversa son casque d'outre en outre lui fit une contusion à la tête. Cet accident, loin de le déconcerter, redoubla pour ainsi dire son ardeur : il revint à la charge avec quatre dragons, et enleva encore cinq chevaux à l'ennemi. Sa conduite, à la bataille de Raab, lui mérita les plus grands éloges. A la prise de Mulback, dans le Tyrol, il abattit la porte de la Chiusa, pénétra dans la place avec quelques chasseurs de l'escorte du général Baraguay-d'Hilliers, chargea les insurgés, prit leurs chefs, et entra le premier dans Brixen. Le 8 février 1814, devant Spécher, à la tête de dix cavaliers, il fit mettre bas les armes à cent soixante-trois fantassins. Un mois après, à Roverbella, il contribua à la prise du village et des redoutes qui furent enlevées de vive force par une compagnie de voltigeurs qu'il soutint contre un escadron de lanciers autrichiens. Il fut grièvement blessé dans cette affaire qui coûta cher à l'ennemi.

Coutillot, voltigeur au 23.ᵉ régiment d'infanterie de ligne, chevalier de la Légion-d'Honneur, surprit, au passage de l'Adige en 1805, un poste autrichien composé d'un caporal et de quatre grenadiers. Après s'être avancé à portée de pistolet, il les somma de se rendre, avec menace de tirer sur eux s'ils hésitaient un seul instant. Les Autrichiens voulurent courir aux armes ; mais ayant deviné à temps leur intention, Coutillot s'élança sur leurs fusils en faisceau, et leur en défendit l'approche. Les deux premiers qui marchèrent contre lui furent tués à coups de baïonnette, les autres furent faits prisonniers. Ce brave était de la plus petite taille, et les Autrichiens qu'il désarma étaient d'une stature gigantesque : il fut obligé de monter sur un tertre pour leur enlever leurs sabres et leurs gibernes. Cette action lui valut la décoration des braves.

DAVOUST (Louis-Nicolas), prince d'Eckmuhl, duc d'Auerstadt, maréchal de France, grand-cordon de la Légion-d'Honneur, né à Annoux, département de l'Yonne, commença sa carrière militaire dans le régiment de Royal-Champagne (cavalerie). En 1790, il fut nommé chef de bataillon au 3.ᵉ bataillon de l'Yonne, et il ne tarda pas à s'y faire remarquer par son brillant courage. Il se trouva dans toutes les affaires de la campagne de Dumouriez, et s'y distingua. Après la défection de ce général, il apprend que des officiers indignes du nom français cherchent à déterminer les troupes à passer dans les rangs ennemis ; il rassemble son bataillon, déjà ébranlé par les promesses et les insinuations perfides de ces traîtres. « Amis, dit-il à ses soldats, n'êtes-vous plus Français ? L'honneur n'est-il plus sacré pour vous ? Vous voulez déserter vos drapeaux, et c'est pour vous ranger sous ceux des ennemis de notre liberté ! Eh bien, partez : moi, je suis à mon poste, et j'y mourrai. » Cette courte harangue fit rentrer les soldats dans le devoir ; ils jurèrent de rester fidèles à leur patrie. Elevé au rang d'officier-général, il partit, en 1793, pour l'armée de la Moselle, et se couvrit de gloire au siège de Luxembourg, où, avec quatre mille hommes seulement, il battit la garnison ennemie, quatre fois plus nombreuse. Ce fut pendant le blocus de cette place qu'il fit une de ces actions qui n'appartiennent qu'à l'audace française. Après avoir brûlé les magasins qui contenaient les approvisionnemens de la place, il forme le projet de détruire un moulin qui était de la plus grande utilité aux assiégés. Il part dans la nuit avec la compagnie des grenadiers du 1.ᵉʳ bataillon des Vosges, franchit les palissades, enlève plusieurs sentinelles répandues dans le chemin couvert, égorge un poste de quatre hommes, incendie le moulin, et se retire n'ayant perdu qu'un grenadier. Le général Davoust se signala au fameux passage du Rhin, effectué le 20 avril 1797 par l'armée de Moreau. Au combat de Diersheim, son exemple et ses bonnes dispositions enflammèrent les soldats, qui se précipitèrent dans le village à travers une grêle de mitraille. A Dhonnau, il culbuta l'ennemi ; à Kentzig, il le défit complètement, et le mena tambour battant jusqu'à Haslach. La paix ayant suspendu la marche victorieuse de l'armée du Rhin, Davoust fut envoyé à Toulon pour faire partie de l'expédition d'Egypte. Le 3 janvier 1799, il repoussa, à Souagny, un rassemblement nombreux de Mameloucks et d'Arabes. Le 8, il dispersa de nouvelles troupes de Gizé à Siout, et sauva la flotille qui portait des approvisionnemens de l'armée française. Attaqué quelques jours après, sous les murs de Samanhout, par Mourad-Bey qui marchait à la tête d'une armée d'Arabes et de Mameloucks, le général Davoust chargea avec sa cavalerie cette armée innombrable, et la mit en fuite. Il fit encore des prodiges de valeur à la bataille de Thèbes, aux combats de Kéné, d'Aboumana, d'Hesnay, de Souhama, de Cophtos, et au village de Bemadi, où il mit en déroute les troupes de Mourad-Bey, et trouva des caisses remplies d'or. Il concourut à la victoire d'Aboukir, et resta dans la Basse-Egypte après le départ de Bonaparte. Revenu en Europe après la convention d'El-Arich, Davoust fut nommé général de division, commandant la cavalerie de l'armée d'Italie. Le 25 décembre 1800, il reparut au champ d'honneur. Arrivé avec quelques régimens de dragons sur la rive droite du Mincio, au moment où les Autrichiens, trois fois repoussés, revenaient à la charge avec des troupes fraîches, et menaçaient de jeter dans le fleuve les Français qui se trouvaient sur la rive gauche, Davoust fait passer le Mincio à une brigade de dragons pour appuyer le centre de la ligne, et, suivi d'un faible détachement, il s'y porte précipitamment avec l'adjudant-commandant Lavalette et quelques autres officiers supérieurs. « Amis, s'écrie-t-il en franchissant le pont, nous ne sommes qu'une poignée, mais une poignée de braves ; vous voyez ces grenadiers hongrois, chargeons-les et mettons-les en fuite. » Au même instant Davoust, le général de brigade Rivaud, le chef de brigade Lebaron, l'adjudant Lavalette, et quelques officiers de l'état-major, partent au galop le sabre à la main. L'élan devient général sur toute la ligne ; l'ennemi enfoncé est culbuté sur tous les points. On poursuit au loin les fuyards ; l'Adige, l'Alpone, la Foassena, la Brenta, furent successivement franchies, et depuis ce jour l'armée compta autant de victoires que de journées de marche. A la paix de Lunéville, Davoust commanda les grenadiers de la garde consulaire. Créé maréchal d'empire en 1804, il commandait en 1805 un corps considérable sur le bord de la Manche ; il le conduisit à Ulm et à Austerlitz, puis, en 1807, à Iéna, où il fit des prodiges de valeur, et déploya toute la bravoure et toute la fermeté de caractère qui constitue le grand homme de guerre. Il dirigea la droite de l'armée française sur le village d'Auerstadt avec tant d'habileté et si à propos, que ce mouvement fut regardé comme la principale cause de la victoire, et que Napoléon conféra à celui qui l'avait conduit le titre de duc d'Auerstadt. Le maréchal Davoust s'étant constamment trouvé dans le plus fort de la mêlée, avait eu son chapeau emporté et ses habits percés de balles. Huit jours après il entra dans Berlin avec son corps d'armée, pénétra en Pologne, et combattit à Eylau le 9 février 1807. Il rendit les services les plus signalés à Heilsberg et à Friedland. La campagne contre l'Autriche, en 1809, lui fournit de nouvelles occasions de faire briller ses talens militaires; il eut une grande part au gain de la bataille d'Eckmuhl. Le 30 juin il attaqua une des îles du Danube vis-à-vis de Presbourg, et prépara, par de brillans succès à Enzersdorf, la glorieuse journée de Wagram. Pendant la campagne de Russie, en 1812, il battit le prince Bagration à Mohilow. A la bataille de la Moskowa, il fut blessé, et eut deux chevaux tués sous lui. Il déploya la même valeur au combat de Malviaroslowitz, et mit, en 1814, le comble à sa réputation militaire par la défense de Hambourg. Il résista successivement aux attaques réitérées des Suédois, des Prussiens et des Russes. Après avoir accueilli, comme il devait le faire, les différentes sommations des assiégeans, il répondit aux envoyés du général Benigsen,

5**

qui lui notifièrent de la part du gouvernement provisoire l'ordre d'évacuer la ville :
« Mon maître l'empereur Napoléon ne
m'enverrait pas des ordres par des officiers russes ; ainsi je me refuse d'ouvrir
toute dépêche à cet égard. » En 1815,
après la désastreuse bataille de Mont-
Saint-Jean, le prince d'Eckmuhl reçut le
commandement général de l'armée sous
les murs de Paris. Ses efforts pour rallier cette armée et la réorganiser n'ayant
pas été couronnés de tout le succès que
l'on devait en attendre, le 3 juillet il si-
gna, avec les commissaires des armées al-
liées, une capitulation dont une des principales conditions était *que personne ne
pourrait être recherché ni pour ses opi-
nions, ni pour sa conduite politique.*
Il se retira ensuite sur la rive gauche de
la Loire avec son armée, dont il provoqua
bientôt après l'entière soumission au roi.
Il en remit alors le commandement au général Macdonald. Trois jours auparavant,
il avait écrit une lettre dans laquelle il demandait que l'on substituât, sur les listes
de proscription, son nom à ceux des généraux Gilly, Grouchy, Clauzel, Delaborde,
Alix, Lamarque, Drouot, Dejean, et du
colonel Marbot, attendu que ces officiers

n'avaient fait qu'obéir aux ordres qu'il leur avait lui-même donnés, en sa qualité de ministre de la guerre. Cette lettre, adressée au maréchal Gouvion-Saint-Cyr, se terminait ainsi : « Vous connaissez assez l'ar-
« mée française, monsieur le maréchal,
« pour savoir que la plupart des généraux
« qui sont signalés dans l'ordonnance du
« 24 juillet se sont distingués par de grands
« talens et de beaux services... Puissé-je
« attirer sur moi seul tout l'effet de cette
« proscription, c'est une faveur que je ré-
« clame dans l'intérêt du roi et de la patrie!
« Je vous somme, monsieur le maréchal,
« sous votre responsabilité, aux yeux du
« roi et de toute la France, de mettre
« cette lettre sous les yeux de Sa Majesté.
« J'ai l'honneur d'être, etc. *Le maréchal*
« *de France*, prince d'Eckmuhl.» Tandis que, par une semblable démarche, le prince d'Eckmuhl s'honorait aux yeux de l'Europe entière, on faisait disparaître son portrait de la salle des maréchaux : les traits de Davoust sont gravés dans le cœur de tous les braves, et ses actions y sont écrites.   (*Fastes de la Gloire.*)

DESPEYROUX (Jean), soldat aux chasseurs-fusiliers de la garde, membre de la Légion-d'Honneur, né à Aiguillon, département de Lot-et-Garonne, embrassa avec ardeur l'état militaire. Admis en 1806 au régiment des chasseurs-fusiliers de la garde, il voulut aussitôt entrer en campagne, et sollicita vivement auprès de son colonel cette faveur qui fut accordée à son zèle ainsi qu'à son dévouement. Le 18 février 1807, à l'assaut de Naugarten, le brave colonel Boyer, aujourd'hui lieutenant-général, ayant résolu d'emporter ce fort de vive force, s'élance à la tête des chasseurs-fusiliers qu'il commandait. Au moment où le régiment s'avance sous le feu de l'artillerie et de la mousqueterie des assiégés, le soldat Despeyroux est blessé au pied par un coup de feu: « Vive la France ! s'écrie-t-il alors, vive Napoléon ! » Despeyroux ne s'arrêta point, et il ajouta, en montrant sa blessure : « Le métier entre par là, c'est bon signe » Dans ce moment, Dumont, son plus proche camarade, est coupé en deux par un boulet. Il est lui-même frappé à la tête, et chancelle un instant. Ah ! mon ami, tu es mort, lui crie le chasseur Dufoir qui vole à son secours avec le gendarme Grammont. Non, répond Despeyroux, se remettant aussitôt, et frappant brusquement avec sa main la plaque de cuivre de son schakos, faussée par la balle qui y était restée : « Je crois que ces coquins-là n'aiment pas l'oiseau ; peu m'importe, c'est mon égide. Puis il s'écrie d'un ton plaisant : Sandis, c'est de l'avancement, je n'étais que chasseur, les Prussiens m'envoient la grenade : elle y demeurera ; courons la mériter. » Cet intrépide soldat n'avait qu'une contusion au front, il redouble de courage, et tandis que le commandant Vrigny, voulant faciliter le passage du fossé, s'avance péniblement, en traînant un large et lourd madrier, et que le capitaine Julien, qui cherche à le devancer, fait de vains efforts pour se retirer du fossé, Despeyroux, plus jeune ou plus agile qu'eux, saute dedans, et quoique ayant de la boue jusqu'à la ceinture, il arrive sur le bord opposé, et monte l'un des premiers dans le fort. Après l'action, on voulut lui donner une nouvelle plaque de cuivre pour remplacer la sienne. « Non, dit-il, je ne veux la quitter que lorsque j'aurai reçu la croix d'honneur. » Il l'obtint en effet peu de temps après. Presqu'à la même époque, Despeyroux donna encore des preuves de la plus éclatante valeur, en sauvant la vie au général de Montmorency. Ce digne guerrier ne laissa échapper aucune occasion de lui en témoigner sa gratitude. Le jeune chasseur termina sa carrière militaire avant l'âge de vingt ans, le 10 juin 1807, au combat d'Heilsberg, où il eut la jambe emportée par un boulet. Il montra encore, dans cette circonstance, un sang-froid et une fermeté héroïques. On ne l'entendit pas exhaler un soupir, et il examinait tranquillement ce qui se passait autour de lui, lorsque son nouveau capitaine, l'intrépide Mayer, qui était venu lui témoigner ses regrets et lui offrir de l'eau-de-vie, fut tué à ses côtés. La mort de cet officier lui arracha quelques larmes ; mais toujours insensible pour ce qui ne regardait que lui-même, il refusa d'abord toute espèce de secours, et lorsqu'il vit venir à lui le chirurgien aide-major Juville qui, à travers les plus grands dangers, accourait pour lui prodiguer les soins de son art, il lui dit avec calme : « Retirez-vous, monsieur, je ne suis plus bon à rien : je mourrai content si nous sommes vainqueurs ; allez soigner ceux qui peuvent encore servir la patrie. » Le courageux chirurgien ne voulut pas l'abandonner. Cependant un éclat d'obus l'ayant dangereusement blessé au front, il fut obligé de se retirer et de céder sa

Le Lieut.ᵗ Général LASALLE se défendant contre 4 Hussards autrichiens.

place au baron [illegible] … … … les
payrons sur le champ de bataille. Dans
une épître au comte de C… … … ce militaire a chanté son … … … … … … a
parlé d'un soldat mutilé … … … … … …

> Il sui craignoit … … … …
> De se blesser … … … …
> Puisque le champ de … … …
> … pour … … … …

… … … … … … … … … … … …
… … … … … … … … … … … …
de la Légion-d'honneur … … … … …
Comtesse-de-Bar … … … … … … La
vière, est né à … … … … … … … …
en 1775. En Italie, il … … … … … …
dix-huit cavaliers … … … … … … hussards et … … … … … … … … … …
… … … … … … … … … … … … Il a
aidé à l'Empereur … … … … … … …
électrisés … … … … … … … … …
porté lui-même … … … … … … …
nesse et l'ivresse … … … … … … …
donne, s'égare, se … … … … … … …
de quatre hussards qui … … … … …
là : il les combat, … … … … … … …
les désarme, il a bien … … … … … Il
arrache … … … … … … … … … …
jette … … … … … … … … … …
rejoint … petite troupe qui … … … .

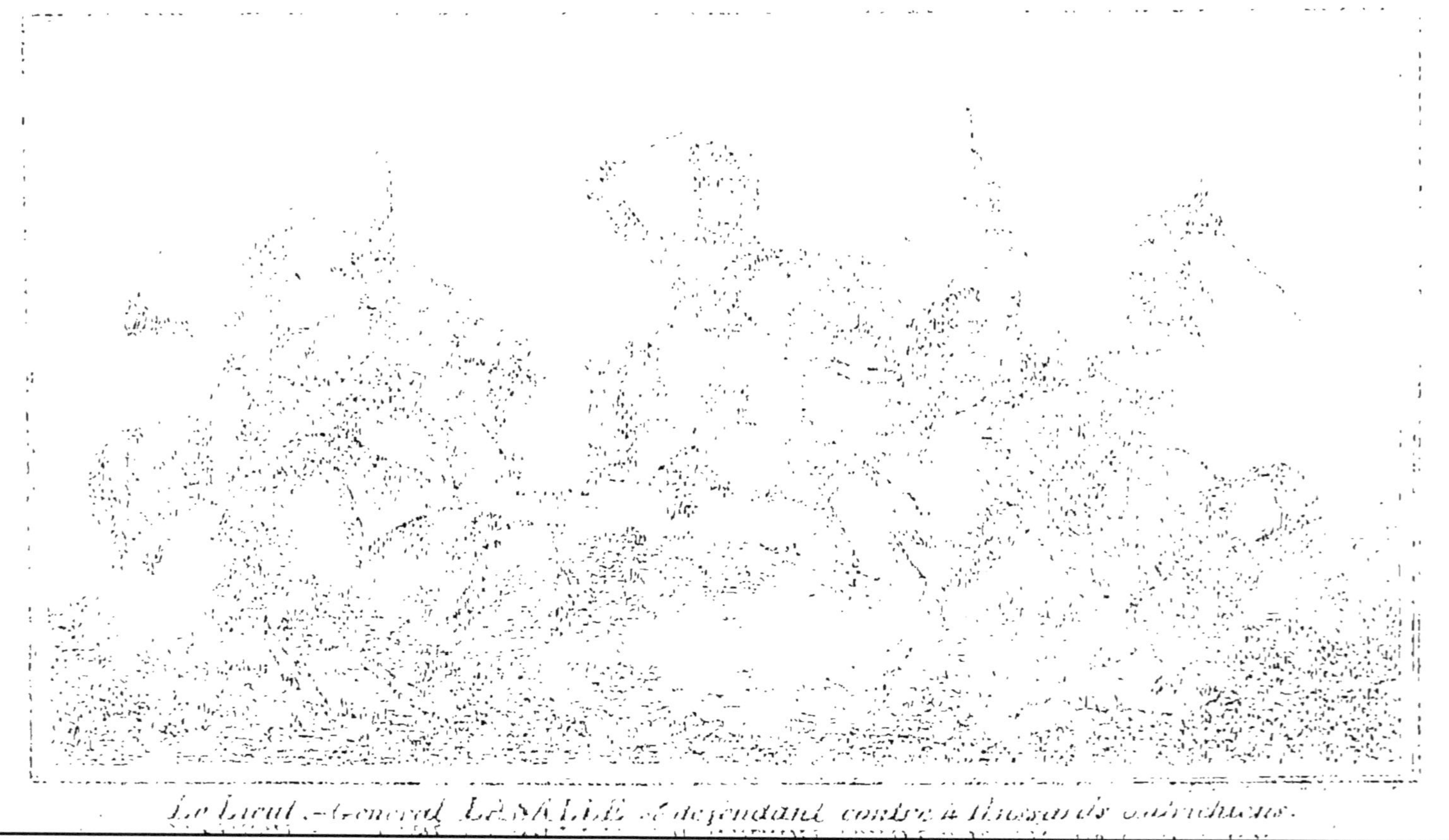

Le Lieut.-Général LASALLE se défendant contre 4 housards autrichiens.

place au baron Larrey, qui amputa Despeyroux sur le champ de bataille. Dans
une épître au comte de Cessac, ce militaire a chanté son infortune. Après avoir
parlé d'un soldat mutilé, il s'exprime ainsi :

Il sut comprimer sa douleur ;
De sa blessure il se fit gloire,
Puisque le champ de son malheur
Fut pour nous un champ de victoire.

LASALLE (Antoine-Charles-Louis de),
comte, général de division, grand-officier
de la Légion-d'Honneur, chevalier de la
Couronne-de-Fer et des ordres de Bavière, est né à Metz (Moselle), le 10
mai 1775. En Italie, Lasalle, conduisant
dix-huit cavaliers, rencontra cent hussards ennemis, et ne balança pas à les
charger. Les cent hussards autrichiens
cèdent à l'impétuosité de dix-huit braves
électrisés par un cavalier français. Emporté lui-même par l'ardeur de la jeu-
nesse et l'ivresse du succès, il s'abandonne, s'égare, se trouve seul au milieu
de quatre hussards qui se précipitent sur
lui ; il les combat, il les repousse, il
les étonne, il les blesse tous quatre. Il
arrive sur les bords du Bachiglione, se
jette à la nage, traverse ce fleuve, et
rejoint sa petite troupe qui le croyait

perdu, et qui célèbre le retour d'un frère. L'antiquité a consacré le nom d'Horace, qui tua trois Albains blessés. Lasalle fut tué le 6 juillet 1809, à Wagram, après s'y être couvert de gloire.

Henon (Pierre), caporal-fourrier au 1.ᵉʳ régiment d'artillerie à pied, membre de la Légion-d'Honneur, né dans le département des Ardennes, est digne de voir figurer son nom dans les *Fastes de la Gloire*. Le 12 juin 1800, apercevant de l'autre côté du Lech une pièce de canon dont la mitraille portait la mort dans les rangs de l'armée française, Henon conçut le hardi projet de s'en emparer. Ayant passé la rivière sur un arbre qui n'avait pas plus de six pouces de diamètre, il s'avance audacieusement avec le tambour du régiment, charge sur la pièce malgré le feu de l'ennemi, et réussit à s'en rendre maître, après avoir fait mordre la poussière aux huit Autrichiens qui la manœuvraient. Cette action lui valut une grenade d'honneur.

Hugay, chef de bataillon au 96.ᵉ régiment d'infanterie de ligne, chevalier de la Légion-d'Honneur, né à Esternay, département de la Marne, entra comme soldat au 3.ᵉ bataillon de ce département, le 4 septembre 1791. Hugay ne tarda pas à trouver l'occasion de se distinguer. Blessé à Jemmapes, en marchant contre les retranchemens de Bossu, le 5 septembre 1792, et devant Manheim, le 20 septembre 1798, ses chefs le reconnurent bientôt pour un des plus braves soldats de l'armée, et ne manquèrent jamais de l'employer dans les expéditions les plus périlleuses. Le 24 juin 1799, Hugay, alors lieutenant à la 66.ᵉ demi-brigade, ayant reçu l'ordre d'aller à la tête de quarante hommes déloger deux cents Autrichiens embusqués derrière les murs d'une ferme, entre Offembach et Francfort, courut sur eux à la baïonnette, tua tout ce qui s'opposait à son passage, et fit un grand nombre de prisonniers. Le 6 février 1809, le même officier ayant été envoyé avec deux compagnies de voltigeurs pour attaquer, sur un plateau d'Uclès, dans la nouvelle Castille, six cents hommes d'un bataillon espagnol, les repoussa d'abord jusque dans la ville, et les poursuivit ensuite jusque dans l'église du couvent d'une abbaye de de bénédictins, où il leur fit mettre bas les armes. Ce brave, qui savait à peine lire lorsqu'il sortit de son village, en passant sa vie dans les camps, à trouvé encore assez de temps pour devenir, à force d'application et de travail, un des officiers les plus instruits de l'armée.

Lafitte, sergent-major de grenadiers de la 50.ᵉ demi-brigade, après s'être signalé par plusieurs actions éclatantes, pendant la guerre de Naples, fut blessé mortellement. La lettre qu'il écrivit à son père, avant sa mort, est digne d'être transmise à la postérité. La voici:

Hôpital de Capoue, le 5 germinal an VII.

« Cher père, je vous écris cette lettre, « et ce sera peut-être la dernière, car ma « main défaillante peut à peine tracer « l'expression de mes sentimens.

« Je viens d'être blessé d'un coup de « biscayen qui me traverse le corps au « flanc droit. J'ai demandé aux chirur- « giens si c'était dangereux ; ils ne m'ont « répondu que des mots équivoques. J'ai « beaucoup de courage, je ne sais pas si « cela contribuera à ma guérison : dans « tous les cas, je prends mon parti ; si « je succombe à ma blessure, je ne me « plains pas de mon sort, parce que je « l'ai gagné au champ d'honneur, en dé- « fendant la chose commune, vos proprié- « tés et mon pays. O vous, mes frères,

« qui me survivrez, souvenez-vous qu'il
« n'est pas de sort plus beau que de
« mourir pour sa patrie !..... Et vous,
« mon père, au lieu de me plaindre, de
« me regretter, soyez glorieux de ce que
« votre fils est mort au rang de ceux qui
« ont combattu avec tant de générosité et
« de privations, pour moissonner tant de
« lauriers et établir un si grand renom à
« la nation, qui fera de plus en plus trem-
« bler toutes les puissances de l'Europe.

« Adieu, mon père, adieu ! Puissent les
« vœux que je fais pour ma patrie s'ac-
« complir bientôt ! »

Signé LAFITTE,
Sergent-Major de Grenadiers.

MORIN (Pierre-Augustin), capitaine
dans le 30.ᵉ régiment d'infanterie de ligne,
né dans le département de la Charente-
Inférieure, montra, dans toutes les occasions, autant de présence d'esprit que de
courage. A la bataille d'Eylau, le 6 février
1807, Morin n'étant que fourrier saisit
le drapeau dans les mains du porte-aigle
qui venait d'être grièvement blessé, s'é-
lance avec deux de ses camarades, à quarante pas en avant du front de bataille,
fait face à son régiment, et au moment
où l'on commande à la ligne d'enlever à

6*

la baïonnette une hauteur que l'ennemi avait hérissée de canons, il marche le pas en arrière, bien décidé à ne s'arrêter qu'au pied de l'épaulement de la batterie, où il se propose de planter son aigle. Rien ne résiste à l'intrépidité de nos soldats ; en un instant les redoutes sont emportées : Morin y pénètre l'un des premiers. Les Russes, chassés de leurs positions, abandonnent leurs chevaux et leur artillerie, et nos troupes dirigent contre eux avec succès les pièces dont la mitraille les foudroyait auparavant. Cependant l'ennemi étant parvenu à se rallier se rapprocha de la hauteur ; la fusillade s'engagea de part et d'autre, et elle durait déjà depuis près d'une demi-heure, quand tout-à-coup apparaît une ligne formidable de cavalerie russe, qui, manœuvrant sur les derrières des Français, les surprend et jette le désordre dans leurs rangs, avant qu'ils aient eu le temps de se former en carré. Pendant cette sorte de déroute, Morin, qui n'a point abandonné son drapeau, est cerné de toutes parts par des cavaliers. Long-temps il lutte avec avantage contre un officier ennemi qui veut le lui arracher. En vain ce dernier, fatigué d'éprouver une aussi vigoureuse résistance, se retourne vers ses dragons, et leur dit en français et avec l'accent de la fureur : « Tuez ce coquin-là qui ose résister, et prenez-lui son aigle. » Au même instant cent coups de sabre arrivent sur la tête de Morin. Son chapeau est coupé en plusieurs morceaux qui ne tiennent plus ensemble que par un fil de fer dont il est garni ; mais il n'est encore que blessé, et va tenter un dernier effort pour s'échapper des mains des dragons, lorsque l'officier, de plus en plus irrité, s'élance sur lui, fait sauter son chapeau avec la pointe de son sabre, et lui porte sur le crâne un coup qui le renverse. Morin tombe baigné dans son sang, et quoique ses forces l'abandonnent, il lui reste encore assez de courage et de présence d'esprit pour couvrir de son corps le drapeau qu'il tient étroitement embrassé. Les cavaliers, en ce moment, croyant entendre derrière eux les troupes françaises qui s'avancent, prennent la fuite et laissent l'intrépide Morin sur le champ de bataille. Ces troupes étaient l'infanterie russe qui arrivait pour achever nos blessés et les dépouiller. Vingt fois ils passèrent sur le corps de Morin, qui, jugeant enfin par le mouvement rétrograde de la cavalerie ennemie, et par le feu de l'artillerie française, dont les boulets venaient sillonner le terrain où il avait été laissé pour mort, que les Russes battaient en retraite, se releva aussitôt, et tenant son drapeau toujours baissé, regarda autour de lui pour savoir la direction qu'il doit prendre. Il fut quelque temps indécis. A droite et à gauche étaient des lignes de cavalerie, et à la distance où elles étaient placées, il était difficile de distinguer si elles faisaient partie des troupes françaises. Cependant comme il n'y avait pas un moment à perdré, Morin qui connaissait le village derrière lequel nos troupes avaient formé la colonne d'attaque, se dirige avec vitesse de ce côté, et parvient, malgré la fusillade de l'ennemi, en face des régimens français. A quelque distance de là il s'arrête et paraît hésiter : « Mon brave, relève ton aigle, lui crie le général qui commandait la cavalerie, tu es maintenant parmi des compatriotes. » Rassuré par ces paroles, Morin s'avance, s'informe du lieu où se trouvent les débris de son régiment, et accourt auprès de ses frères d'armes, qui, s'empressant autour de leur camarade blessé, versent des larmes de joie en retrouvant leur aigle.

N**ey** (Michel), maréchal de France, duc d'Elchingen, prince de la Moskowa, grand-cordon de la Légion-d'Honneur, né le 10 janvier 1769 à Sarrelouis (Moselle), à qui ses premiers pas dans la carrière militaire firent donner le nom d'*Infatigable*, mérita depuis celui de *Brave des braves*. En 1794, à Fleurus, il avait déjà donné des preuves de la plus rare intrépidité. L'illustre Kléber, qui se connaissait en militaires, se l'attacha en qualité d'adjudant-général chef d'escadron, et lui confia toujours les missions les plus périlleuses. En 1796, à l'armée de Sambre-et-Meuse, plusieurs actions d'éclat ajoutèrent encore à sa réputation de bravoure. Les journées d'Altenkirchen, de Dierdorf, de Montabor et de Bendorf, furent pour lui des journées glorieuses. Le 24 juillet, n'ayant avec lui que cent hommes de cavalerie, il se présente devant Wurtzbourg, et força la garnison, forte de deux mille cinq cents Autrichiens, de se rendre à l'instant même. Le gouverneur étonné croit que ce faible détachement n'est que l'avant-garde d'un corps considérable qui s'avance ; il propose de dresser les articles d'une capitulation. « Des articles, répondit Ney, un seul suffit ; il faut vous rendre, vous capitulerez ensuite. » Deux jours après, dans un combat de cavalerie, auprès de Kehl, avec un escadron de quatre cents hommes, il mit en déroute le détachement ennemi, deux fois plus nombreux. Le 8 août, ayant passé la Rednitz sous le feu de quatorze bouches à feu, et culbuté l'ennemi jusque dans Forckeim, il livra sous les murs de cette ville un combat mémorable qui la mit en son pouvoir, ainsi que les approvisionnemens qu'elle renfermait, et soixante-dix pièces d'artillerie. Ce fut à la suite de cette affaire qu'il fut promu au grade de général de brigade sur le champ de bataille. Ney ayant trouvé dans la place de Forckeim un grand nombre d'émigrés français, parvint fort adroitement à éluder l'ordre de les fusiller. Ce mélange de bravoure et de générosité étonna le représentant du peuple en mission, qui dit au général Kléber : « Votre ami Ney s'est conduit en homme d'honneur pendant le combat et après la victoire ; il sait répandre et épargner à propos le sang français. » Il est à remarquer que quelques-uns de ces émigrés sont ceux qui, dix-huit ans plus tard, devaient se prononcer avec le plus d'acharnement contre le prince de la Moskowa. Au mois d'avril 1797, à la bataille de Neuwied où il commandait la cavalerie française, il enfonça les Autrichiens, et contribua puissamment au succès de cette journée. Peu de temps après il força l'ennemi dans Giessen, et le poursuivit à travers les bois jusqu'à la position de Steinberg. Le combat dura jusqu'à la nuit ; le brave Ney y fut fait prisonnier, son cheval s'étant abattu au moment où il s'exposait pour sauver une pièce d'artillerie volante. Le général en chef demanda et obtint sur le champ son échange. Ney reçut à cette occasion une lettre de satisfaction du directoire. En rentrant à l'armée, il fut promu au grade de général de division : il eut la modestie de refuser cet avancement, comme il avait d'abord refusé le premier ; mais le gouvernement, se rappelant la manière distinguée dont il avait servi, persista dans ses décisions. En 1799, il passa à l'armée du Rhin, et commandait la cavalerie au combat de Thur, le 26 mai. Grièvement blessé pendant l'action, les soldats veulent l'entraîner hors du champ de bataille. » Ce n'est rien, leur dit-il, en refusant les secours qu'on lui offre ; laissez-moi enfoncer cette ligne, nous parlerons ensuite de cette égratignure. » Il pique des deux vers les

Autrichiens, les force à battre en retraite, et reçoit une nouvelle blessure. Le 3 novembre suivant fut signalé par une action extraordinaire de ce général. Manheim était la clef de l'Allemagne : il résolut de s'en emparer. Il se couvre d'un déguisement prussien, passe le Rhin pendant la nuit, traverse tous les cantonnemens ennemis, arrive sous les murs de la ville, s'y introduit le lendemain, observe les postes, s'informe de tout, et s'aventure ainsi dans une entreprise que l'adresse, la force de l'âme et la confiance d'un guerrier accoutumé à vaincre peuvent seules inspirer et faire réussir. Après s'être assuré des forces de l'ennemi, il va rejoindre sa troupe, choisit cent cinquante soldats audacieux comme lui : la plupart d'entre eux n'avaient point de cartouches. Il effectue de nouveau le passage du Rhin à huit heures du soir, arrive à onze heures sous les remparts de la ville, attaque et enlève à la baïonnette tous les postes extérieurs, repousse une sortie de l'ennemi, et rentre avec lui dans la place. La terreur se répand aussitôt parmi les troupes de la garnison ; l'obscurité la plus profonde contribue encore à augmenter l'épouvante causée par l'impétuosité de l'attaque : trois mille hommes mettent bas les armes devant une poignée de Français, et Manheim tombe au pouvoir des armées de la république. Quelques jours après ce coup de main, l'avant-garde de l'armée ayant été enveloppée par Lauffen, Ney la dégagea et poursuivit l'ennemi jusqu'à Mœskirch, où il lui prit quinze cents hommes. Le 5 juin 1800, il livra la bataille de l'Iller, où il enleva toute l'artillerie ennemie et fit un grand nombre de prisonniers. Ayant pris le commandement de l'armée d'Helvétie, en moins de huit jours il organisa treize fausses attaques et passages du Rhin, qui réussirent tous le même jour. A la tête de neuf mille hommes, il fut jusque sous les murs de Francfort attaquer et détruire vingt mille Mayençais à la solde de l'Angleterre et soutenus par deux mille Autrichiens. Le lendemain il franchit le Mein, en culbutant tout ce qui s'opposait à sa marche victorieuse, traversa à marches forcées le pays de Hesse-Darmstadt, passa le Necker au gué du maréchal de Turenne, s'empara une seconde fois de Manheim, d'Heidelberg, de Bruchsal, d'Heilbron, et parvint, après vingt combats contre des forces supérieures, jusqu'aux portes de Stuttgard, où il fut grièvement blessé. La diversion qu'il opéra par cette marche rapide fut une des principales causes du gain de la bataille de Zurich. Le général Ney, sous les ordres de Moreau, dans les journées de Kilmuntz, d'Ingolstadt et de Hohenlinden, concourut à ces brillans succès qui forcèrent l'Autriche à demander la paix. La vigueur avec laquelle il se porta dans le défilé de Matempot, où, réuni au général Richepanse, et soutenu par le général Grouchy, il tua ou prit tout ce qui était engouffré dans le bois, contribua beaucoup à la défaite de l'ennemi. Lorsque les hostilités eurent cessé, Bonaparte, alors premier consul, envoya au général Ney, comme un témoignage particulier de son estime, un superbe sabre égyptien. Qu'il était loin de prévoir combien un jour ce présent lui serait funeste ! Après avoir rempli avec succès les fonctions d'ambassadeur près la république helvétique, Ney revint en France, où Napoléon lui conféra la dignité de maréchal d'empire. Au commencement d'une nouvelle guerre contre l'Autriche, en 1805, Ney passa le Rhin à la tête d'un corps d'armée, et contribua, par le gain de la bataille d'Elchingen, dont il porta depuis le nom, avec le titre de duc, aux avantages qui signalèrent l'ouverture de cette campagne. Il détermina aussi, par l'habileté de ses manœuvres, la capitulation d'Ulm, chassa du Tyrol l'archiduc Jean, s'empara des forêts de Scharnitz, de Neuf-Larch, de la ville d'Inspruck et de celle de Hall, tailla en pièces l'arrière-garde de l'archiduc, et entra ensuite dans la Carinthie. En 1806 il fit des prodiges de valeur à Iéna; il marcha ensuite sur Magdebourg, où il fit mettre bas les armes à seize mille hommes, et s'empara de huit cents pièces d'artillerie. A Eylau, il battit le corps du général Lestocq, et força la victoire long-temps indécise à se ranger sous nos étendards. « C'est par habitude qu'elle s'est déclarée aujourd'hui pour les Français, disait le maréchal aux officiers russes prisonniers, qui exprimaient leur douleur de ce que les excellentes dispositions de leurs généraux et le courage de leurs soldats ne les avaient pas empêchés d'être vaincus. » Après plusieurs combats partiels, Ney eut ordre de s'emparer de Friedland; il enleva cette position à la tête des grenadiers. La mitraille pleuvait sur eux, et comme ils s'avançaient l'arme au bras, ils baissaient la tête à chaque décharge qu'ils entendaient: « Camarades, leur dit le maréchal, ces gens-là tirent en l'air ; je suis plus haut que vos bonnets, et ils ne m'atteignent pas. » Les grenadiers comprirent où portait ce raisonnement, et ils montrèrent plus de fermeté. En 1808, il passa en Espagne ; et soutint dans toutes les circonstances la brillante réputation qu'il avait acquise. Il livra la bataille de Talavera, culbuta un corps de six mille Anglais sur les hauteurs de Bagos, et fit ensuite la campagne de Portugal, sous les ordres de Masséna. Il assiégea Ciudad-Rodrigo, qui se rendit à discrétion après une opiniâtre résistance. Le gouverneur se présente sur la brèche en habit bourgeois, et dans une attitude suppliante. « Quel est cet homme, demande Ney à un de ses aides-de-camp ? — C'est le gouverneur. — C'est impossible, dit le maréchal, étonné de l'air embarrassé du Castillan. » L'aide-de-camp ayant assuré que c'était le gouverneur, et qu'il le connaissait : « Monsieur, lui dit Ney, pourquoi n'avez-vous pas votre uniforme ? vous l'avez honoré par votre belle défense. Je suis le maître ici, et je vous accorde une capitulation.» L'investissement de la place d'Almeida, dans laquelle l'armée française entra après treize jours de tranchée ouverte, fut l'ouvrage de Ney. Pendant la retraite de Portugal, il fut chargé de commander les huit régimens qui formaient l'arrière-garde. A la tête d'un corps aussi faible, il fit charger les Anglais dans le village de Pombal. Le 6.ᵉ régiment d'infanterie légère fut d'abord repoussé, et hésita un instant à se railler : « Chasseurs, s'écria alors le maréchal, vous perdez votre belle réputation, vous vous déshonorez à jamais si vous ne chassez sur-le-champ les Anglais ; que les braves me suivent. » En même temps il poussa vivement son cheval vers le village. Entraînés par son exemple, les soldats s'élancèrent au pas de course dans Pombal, et en débusquèrent l'ennemi. Le lendemain, à Redinha, il arrêta pendant vingt-quatre heures les forces réunies de l'armée anglo-portugaise, et fit suspendre la marche de Wellington, qui employa toute sa journée à former ses colonnes pour attaquer quatre mille hommes. Cette arrière-garde marcha ainsi pendant cinq jours, continuellement attaquée et attendant les Anglais à chaque position. L'ennemi la rejoignit pour la dernière fois à Foz-de-Aronce ; Ney y séjourna vingt-quatre heures pour le braver, et

7*

donner le temps à la masse de l'armée de filer sur l'Espagne. Cette retraite, qui sauva l'armée de Portugal, est un des plus beaux faits d'armes du maréchal Ney: les Anglais eux-mêmes l'ont admirée, et Wellington en 1815 n'en avait pas encore perdu le souvenir. L'arrière-garde protégea constamment le gros de l'armée : elle ne perdit pas un canon, pas un fourgon militaire; elle ramena même la plus grande partie de ses blessés. Pendant la guerre de Russie, Ney se distingua devant Krasnoé, où, à la tête de l'avant-garde, il culbuta l'ennemi; devant Smolensk, où il le débusqua de ses retranchemens; au *champ sacré*, où il chassa les Russes à la baïonnette, et enleva de vive force une position regardée jusqu'alors comme inexpugnable; et à la bataille de la Moskowa, où, après plusieurs attaques réitérées, il enfonça le centre de l'armée de Kutusow, ce qui lui fit donner le surnom de *Brave des braves*. Commandant l'arrière-garde dans la retraite, il contribua à sauver, à travers les difficultés d'une marche longue et pénible, les débris de cette malheureuse armée dont les désastres ont coûté tant de larmes à la France. Cerné près de Krasnoé par de nombreuses divisions, et n'ayant avec lui que six mille hommes sous les armes, Ney, abandonné de l'armée française qui désespérait de le dégager, répondit au parlementaire qui le sommait de se rendre : « Dites à votre général que je ne suis pas homme à capituler, et que je saurai me faire jour l'épée à la main. » Après avoir vainement multiplié les efforts les plus courageux pour se frayer un passage, ayant perdu son artillerie, ses bagages et la moitié de ses soldats, au moment où les Russes s'attendaient à le voir mettre bas les armes, il se jeta au-delà du Borysthène, et continuellement harcelé par six mille cosaques, après trois jours d'efforts inouïs, il rejoignit l'armée française à Orcha. Son sang-froid ne l'abandonna jamais. Lors même que l'inquiétude et le découragement des soldats étaient à leur comble, on trouva le maréchal couché sur la neige, une carte à la main, méditant tranquillement la route qu'il devait prendre. Tant de calme rendit l'espérance aux soldats. Il montra le même courage au passage de la Bérésina, et à Kowno, où il traversa seul le fleuve avec ses aides-de-camp, et fit le coup de fusil contre les cosaques. Il réorganisa ensuite à Hanau, avec habileté et promptitude, l'armée qui gagna peu de temps après les batailles de Lutzen et de Bautzen, aux succès desquelles il eut une grande part. Il se signala aussi à Dresde, et éprouva un échec à Dennevitz, où le bruit de sa mort se répandit dans l'armée ennemie. Ney eut plusieurs fois l'idée de ne pas survivre à sa défaite. « Si je ne me suis pas brûlé la cervelle, a-t-il dit depuis, c'est que je voulais rallier mon armée avant de mourir. » Pendant plusieurs jours il ne prenait aucune nourriture, et laissait échapper de temps en temps cette exclamation : « Est-il possible que je n'aie pas été tué le 5 ! » Obligé de se retirer sur Torgau, il marcha néanmoins, quelques jours après, sur Dessau, d'où il chassa les Suédois. A Leipsick, il combattit avec intrépidité, et facilita la retraite de l'armée sur Lindenau et Hanau. Après avoir repassé le Rhin, il s'occupa du soin de défendre sa patrie, et disputa le terrain pied à pied, payant partout de sa personne. Brienne, Mont-Mirail, Craonne et Châlons-s'-Marne furent successivement le théâtre de ses exploits. A Brienne, il marcha sur la ville avec six bataillons en colonne serrée, et parvint à en déloger les Russes. A Mont-Mirail, il se jeta sur l'armée de Sacken, au pas de course, et enfonça, à la tête de la vieille-garde, le centre de l'ennemi, dont notre cavalerie acheva la déroute. En 1815, lorsque la France était menacée d'une seconde invasion, plus terrible que la première, Ney vola à la frontière. Dès le jour de son arrivée, il mena les troupes dont il prenait le commandement au combat et à la victoire. L'ennemi fut battu sur toute la ligne, et se replia avec précipitation. Le maréchal ne prit aucun repos : partout où il se montra dans la journée du 16 juin, les Anglais furent écrasés. Le lendemain il les battit encore et les accula au pont de Jemmapes. Le 18, il parut aussi grand capitaine que soldat intrépide : sept fois démonté, couvert de contusions et de boue, il combattait encore à la tête des régimens de la garde, lorsque les autres corps, épuisés, détruits, ou manquant de munitions, étaient réduits à l'inaction. A sept heures du soir, le succès le plus complet semblait vouloir couronner de si prodigieux efforts. Ney arriva à pied, et l'épée à la main, vers le 2.ᵉ régiment d'infanterie légère qui avait perdu le plus grand nombre de ses hommes dans les combats précédens : « Camarades, leur cria-t-il, la victoire dépend de vous ; souvenez-vous.

que ce sont des Anglais qui sont devant vous. » Ney fut le dernier à quitter le champ de bataille ; il s'en éloigna avec le regret de n'avoir pu y trouver une mort glorieuse. La fatalité le ramena à Paris et le retint en France. « Les lauriers de la victoire sont immortels, mais il est des temps où ils ne préservent pas de la foudre. » *Fastes de la Gloire.*

LENOURRIT, chef d'escadron, se trouvant, le 1.er octobre 1811, à la bataille d'Huerga en Espagne, à la tête d'une compagnie du 43.e régiment de ligne et de cinquante dragons, mit en fuite une colonne de deux mille cinq cents insurgés espagnols.

NEVEU, capitaine, étant, le 29 décembre 1811, à la bataille de la Rocea en Espagne, y tint tête, avec trois compagnies du 88.e régiment, à huit cents cavaliers anglais et à quatre pièces de canon.

BRIDAULT, capitaine, commandant le château de Mora lorsqu'on l'attaqua le 31 mars 1813, sut défendre ce poste avec cinquante-sept hommes contre huit mille Espagnols, qui se retirèrent après trois jours d'une attaque vigoureusement suivie.

MATREAU, tambour, se trouvant, le 17 avril 1823, à l'attaque et prise de Logrono en Espagne, franchit un mur et ouvrit la seconde porte sans cesser de battre la charge ; il était suivi des voltigeurs du 20.ᵉ régiment de ligne, qui, lancés au pas de course, enfoncèrent la première porte de cette ville.

RICHEPANSE, lieutenant au 4.ᵉ régiment de hussards, dispersa, le 7 juillet 1823, à la tête de trente hommes, l'arrière-garde espagnole forte de plus de deux cents hommes, et l'obligea à chercher son salut dans la fuite.

VATRIN (Remi), adjudant sous-officier de la deuxième de ligne, né dans le département des Ardennes, s'élança au milieu des ennemis, saisit un major autrichien, et, quoique assailli au même instant par plusieurs officiers et soldats, dont un lui passa son épée dans les reins, n'abandonna pas son prisonnier, qu'il ramena au quartier-général. Un tambour du même corps, Dozier, né dans le département de l'Yonne, au moment où dans la mêlée sa caisse lui devenait inutile, arracha un fusil des mains d'un Autrichien, et s'en servit avec une étonnante adresse.

PÉRIGNON, sergent dans la 25.ᵐᵉ de ligne, né dans le département de la Meuse, se défendit contre trois Autrichiens, fit mordre la poussière à l'un d'eux, et dispersa les autres. Le lendemain, il fondit sur un poste de vingt hommes qu'il obligea à prendre la fuite.

Vigny, chasseur, né dans le département de la Somme, ayant été cerné dans la mêlée par trois grenadiers hongrois, en tua deux à coups de crosse de fusil, culbuta le troisième, et parvint à s'échapper. Le tambour Dardenner, né dans le département des Ardennes, ne discontinua pas de battre la charge d'une main et de sabrer de l'autre, pendant l'attaque des redoutes de San-Giacomo.

Gal (Jean), soldat dans le 4.ᵉ bataillon du département du Gard, en faction près d'une redoute, le 21 janvier 1794, dans la fameuse affaire de Puygoriot (Pyrénées-Orientales), a le bras emporté d'un coup de canon. Au lieu de se retirer du combat, il admire le feu roulant que font les pièces dont il était le gardien, et au fur et à mesure qu'il voit abattre les Espagnols : « Bon s'écrie-t-il, bon, je ne sens plus mon mal.» Pendant toute l'action, Gal ne cesse d'encourager ses frères d'armes qui le pressent en vain d'aller recevoir les secours nécessaires à son état. Témoin de sa bravoure, le général le fait conduire à l'hôpital, où l'on panse sa blessure. Mais une nouvelle action s'étant engagée le lendemain, ce brave s'échappe de l'hôpital, vole à son bataillon et se jette dans la mêlée, où il se distingue par de nouveaux prodiges de valeur. Ses efforts pendant l'action ayant dérangé l'appareil mis sur ses blessures, le sang coule, et l'intrépide Gal est enlevé de nouveau du champ de carnage par ses frères d'armes, qui le forcent de rentrer à l'hôpital.

Thion (Claude), né en 1765, à Pesmes, de parens originaires d'une commune de l'arrondissement de Dôle, était soldat au régiment de Touraine. Au siège de Brumstown-Hill, le 20 janvier 1782, il fut chargé avec un de ses camarades de transporter les bombes du dépôt à la batterie. Les bombes se portent ordinairement au moyen d'un bâton dont les bouts reposent sur les épaules. Dans le trajet, ce jeune homme a le bras droit fracassé par un boulet de canon, et ce bras tombe suspendu par un seul ligament. Sans se décourager par ce terrible accident, il demande à son compagnon un couteau, afin de couper le ligament et de se débarrasser d'un membre inutile, recharge le bâton de la bombe sur son épaule gauche, et continue sa marche jusqu'à sa destination. Cet acte de courage fut bien consigné dans le certificat délivré à ce pauvre malheureux, que l'on envoya aux Invalides; mais, aussi modeste que courageux, Thion n'en parlait jamais. A la fin, pourtant, le trait fut connu, raconté à tous ses frères d'armes de l'hôtel royal, et publié dans les journaux. Plusieurs officiers accoururent pour voir ce soldat, et pour lui offrir de l'argent qu'il refusa. M. le comte de Guibert, gouverneur des Invalides, le nomma sergent-major et lui fit accorder la solde du grade supérieur. La veuve d'un maréchal de France et un ancien officier-général lui firent des pensions. La société connue en 1783 sous le nom de la Candeur honora d'une espèce de triomphe ce héros de vingt ans. Dans une séance de cérémonie, composée de cent soixante-treize personnes, qu'elle fit suivre d'un banquet de cent couverts, Thion fut couronné, reçut une belle médaille d'or à sa gloire, et occupa la place d'honneur au milieu d'une foule de personnes de la première distinction. On n'a pas toujours si bien récompensé la vertu et la valeur !

THOUVEREY (Alexandre), né à l'abbaye

du Grand-Vaux, avait fait, en 1781, la campagne d'Amérique sous le général Rochambeau. Simple caporal dans une compagnie du régiment de la Marche, que ce général avait formé lui-même, et qui avait la réputation d'être le plus parfait en tactique et en discipline, Thouverey se signala par un fait d'armes assez singulier.

L'armée française ayant opéré sa jonction avec les troupes américaines commandées par Washington, alla mettre le siège devant New-York, en Virginie. Un poste d'honneur fut confié à la prudence du caporal (c'était la défense des magasins), et on le prévint qu'il serait attaqué par les Anglais pendant la nuit. Sa garde n'était composée que de douze hommes. Il les exerce aussitôt à des mouvemens simulés et rapides qui puissent en imposer à l'ennemi, et quand, à la pointe du jour, l'avant-garde anglaise vient se présenter à l'attaque, le poste se met en défense sur des points si disséminés, et fait un feu roulant si bien nourri, que l'ennemi, jugeant qu'un régiment tout entier au moins occupe le retranchement, se retire bientôt avec perte. Cette action sauva les magasins de l'armée qui allait manquer de provisions. Le général, informé de ce trait de bravoure et du stratagème ingénieux de Thouverey, luï manda de se rendre au quartier-général. Le caporal y fut porté comme en triomphe par ses camarades; et là, en présence de toute l'armée, il fut fait sergent-major et reçut les félicitations les plus honorables: et cependant il n'eut jamais que cette mince récompense! Thouverey mourut dans ce grade en 1807, à l'époque glorieuse de l'empire!

Pêtre, hussard au 9.º régiment, fut envoyé pour sauve-garde dans un village du Brabant. Des volontaires cherchant des effets cachés déterrèrent un coffre où tout le village avait déposé son argent. Pêtre arriva au moment où ils allaient le crocheter. Il tira son sabre, et par sa fermeté et sa bravoure parvint à écarter les pillards. Il fit venir les habitans du village, qui ouvrirent le coffre en sa présence : il contenait environ 90,000 fr. Les propriétaires de cet argent voulurent faire des présens à Pêtre ; mais celui-ci les remercia en leur disant : « En défendant « votre argent, je n'ai fait que mon devoir; « vous ne me devez rien. Je vous exhorte « seulement à le mieux cacher à l'avenir. »

Thérèse Fégure, dite Sans-Gêne, débuta comme soldat en 1792, dans la légion allobroge. Cette nouvelle chevalière d'Éon servit depuis comme dragon dans le 15.ᵉ régiment, sous le nom de *Sans-Géne* (1), se battait en héros, et défiait les plus intrépides. Au siège de Toulon (1794) elle fut blessée d'une balle au sein gauche. Près de Perpignan, elle eut son cheval tué sous elle; au siège de Roses, elle fut également démontée; elle le fut encore à l'affaire de Savigliano, et dans cette bataille elle reçut quatre coups de sabre. Enfin, s'il fallait parler d'elle chaque fois qu'elle s'est distinguée, cent combats offriraient son nom. *Sans-Géne* fit toutes les campagnes avec un zèle et un patriotisme dont on voit peu d'exemples. Dans tous les combats où elle s'est trouvée, c'était un lion; après l'action, c'était un ange secourant les blessés. Elle fut faite plusieurs fois prisonnière ; et la dernière fois, le prince de Ligne lui rendit la liberté sur la simple déclaration de son sexe. Quoiqu'elle vécût dans les camps, ses mœurs n'en furent pas moins pures. Sa conduite est attestée par une foule d'auto-

(1) Ce sobriquet lui fut donné par le général Cartaud, sur la place d'Avignon, devant toute la garnison, pour avoir mis le feu à une pièce abandonnée, et avoir, de sa propre main, tué huit Allobroges. Elle était alors prisonnière de ce général, qui redoubla d'attentions pour sa personne lorsqu'il connut son sexe.

8*

rités respectables, et notamment par le maréchal Augereau qui s'exprime en ces termes : « Je certifie que la nommée Thérèse Fégure, dite *Sans-Géne*, a fait, sous mon commandement, toutes les campagnes des Pyrénées avec bravoure et distinction ; que depuis, ayant demeuré chez moi l'espace d'environ dix mois, elle s'y est comportée d'une manière irréprochable. » On ne lira sans doute pas avec moins d'intérêt ce qu'en disent les officiers, sous-officiers et dragons du 15.ᵉ régiment. « Douée d'un cœur non moins brave que généreux, elle a développé dans toutes les occasions une force d'âme et un courage qu'on ne trouva jamais dans son sexe. Le malheureux a toujours trouvé auprès d'elle un asile assuré, et cette vaillante amazone n'a jamais trouvé de jouissance réelle que dans ses propres bienfaits. » Cette pièce est du 8 brumaire an IX. Ses mœurs éclatèrent surtout contre un jeune officier qui s'attendait à la trouver faible sous plus d'un rapport. C'était dans la diligence de Moutelimart à Lyon. *Sans-Géne* lui fit d'abord quelques observations modestes; mais voyant qu'il persistait à l'insulter, elle lui présenta un cartel. L'officier, en qui l'oubli des convenances n'avait point altéré la bravoure, accepta le défi, et les deux champions se rendirent sans bruit sur le terrain. On ne sait trop comment l'affaire aurait fini pour l'agresseur, si, avertis à temps, les autres voyageurs n'étaient venus les séparer. Tout ce que nous venons de dire sur cette femme extraordinaire est constaté par des pièces authentiques que nous avons eues sous les yeux. Vers 1818 elle avait quitté le service et repris les habits de son sexe; elle unit son sort à celui d'un autre brave nommé *Suter* (1), couvert de blessures honorables et de décorations méritées. Il servait alors dans la gendarmerie des chasses et voyages du roi, casernée au petit Luxembourg, rue de Vaugirard.

GOUGEON, maréchal-de-camp, commandeur de la Légion-d'Honneur, né à Metz le 28 septembre 1773, étant capitaine à l'affaire de Steg, dégagea, à la tête de cent cinquante hommes, les derrières du général Lecourbe, qui agissait contre Souwaroff, prépara sa jonction avec le maréchal Masséna sur les bords du lac de Lucerne, et fit face avec sa petite troupe à six bataillons autrichiens. Au passage de

(1) Il était maréchal-des-logis lorsqu'à l'affaire de Rio-Seco il chargea, lui sixième, un escadron ennemi, et fut un de ceux qui contribuèrent le plus à le mettre en fuite.

la *Piave*, en présence de l'armée autrichienne, il traversa le premier ce fleuve
à la tête d'un bataillon de voltigeurs.
Envoyé peu après dans le Tyrol, étant
chef de bataillon, à la tête de trois cents
hommes il dispersa et mit en fuite quatre
mille insurgés dans la vallée de *Windisch-
matren*, le 9 novembre 1809; le 2 décembre suivant, il en battit sept mille
devant *Prunecken*. Passé à l'armée d'Espagne en 1812, il commandait, en qualité
de lieutenant-colonel, le 50.ᵉ régiment,
et coopéra à forcer Wellington à lever le
siège du château de *Burgos*, et à le rejeter
au-delà de *Salamanque*. En 1813, il combattit en Navarre contre *Mina*, à la tête
de son régiment, enfonça, le 25 juillet,
une division anglaise postée sur les rochers
d'*Altobiscar*, près de *Roncevaux*. Il fut
complimenté sur le champ de bataille par
le général en chef, qui demanda pour lui
le grade de colonel. Mis à la tête du
96.ᵉ régiment en 1815, il attaqua et reprit
le village de Ligny, à l'affaire du 16 juin.
Il se distingua encore en 1823 devant
Cadix.

Courtois (Anacharsis-Jean), officier de
la Légion – d'Honneur, né à Longuion
(Moselle), le 6 octobre 1767, se fit en

Italie une réputation militaire fort brillante. Il entra au service le 11 décembre
1785, arriva promptement au grade de
capitaine, se distingua au passage du
Rhin, qu'il traversa le premier en tête
de l'île de Bedberg, dans une barque
montée par dix-huit hommes; força les
retranchemens ennemis, fit vingt-deux
prisonniers dont un officier; s'empara,
avant d'entrer dans Kaiserverl, d'une pièce
de canon; se signala, par son intrépidité,
à la prise de Fridberg, au passage du
Tagliamento et à l'assaut du fort de la
Chueza. D'après le compte rendu au général Bonaparte de la conduite qu'avait tenue
le capitaine Courtois dans les affaires des
26 ventôse et 4 germinal, il fut nommé
chef de bataillon. Au passage du Mincio,
ce brave militaire fut le premier qui, à
la tête de son bataillon, reprit le village
de Pozzolo dont l'ennemi s'était emparé.
Il y marcha le drapeau à la main, fit
quatre cents prisonniers dont quinze officiers, et contribua puissamment au succès
de cette glorieuse journée. Nommé lieutenant-colonel (major) au 76.ᵉ régiment
de ligne, il se conduisit avec bravoure
à Marengo, fit la campagne d'Allemagne,
commanda à Wagram une brigade de gre-

nadiers et de voltigeurs réunis, reçut deux blessures graves, et mérita par sa belle conduite que Napoléon lui déférât le titre de chevalier avec une dotation. Ce colonel vit en retraite à Metz.

SECONDE PARTIE.

BOMBARDEMENT DE LILLE EN 1793.

Les Autrichiens, sous la conduite du duc Albert de Saxe-Teschen, avaient tout préparé pour le bombardement de Lille. Le 29 septembre 1793, à onze heures du matin, un major précédé d'un trompette s'étant présenté à la porte Saint-Maurice, fut introduit les yeux bandés au conseil de guerre, auquel il remit une sommation de rendre la place, déclarant au nom du duc de Saxe que, si l'on accédait à sa demande, la ville serait traitée avec douceur, mais que, dans le cas contraire, elle aurait à souffrir l'incendie, le pillage, et toutes les horreurs de la guerre. Le maire de la ville, André, répondit : « Nous venons de renouveler notre serment d'être fidèles à la nation ; nous ne sommes point des parjures : nous soutiendrons la liberté, ou nous mourrons ! » Le maréchal-de-camp Ruault ajouta : « La garnison que j'ai l'honneur de commander et moi sommes résolus de nous ensevelir sous les ruines de cette place plutôt que de la rendre à nos ennemis. Les citoyens, fidèles à leur serment de vivre libres ou mourir, partagent nos sentimens, et nous les soutiendrons de tous nos efforts. » L'envoyé autrichien fut reconduit les yeux bandés, aux cris unanimes de vive la nation ! vive la liberté ! répétés mille fois. Dès qu'il eut rendu compte de sa mission, vingt-quatre canons de gros calibre, chargés à boulets rouges, tirèrent sur la ville ; trois batteries ennemies lancèrent trois gerbes de feu qui la couvrirent en un instant dans toute son étendue, et ne laissèrent aucune habitation sans danger. Une grêle de bombes, d'obus et de boulets rouges, portait partout la consternation et la mort. L'incendie se manifesta avec violence dans le quartier Saint-Sauveur ; les casernes de Fives et l'église de Saint-Étienne furent aussi la proie des flammes. Cette scène d'horreur et de carnage dura sans discontinuer cinq jours et cinq nuits ; la première nuit fut terrible à passer pour les habitans, mais à l'aspect du jour leur abattement et leur frayeur diminuèrent. Encouragés par l'exemple que leur donnaient les intrépides grenadiers qui formaient une partie de la garnison, ils élevèrent leur courage à la hauteur de leur situation, et dans ce grand désastre rien désormais ne put leur paraître impossible. Les Lillois ne forment plus qu'un peuple de frères tous unis pour la défense commune. La famille dont l'habitation est embrasée trouve de suite un autre asile ; des femmes sur qui la timidité de leur sexe n'a plus d'empire, des enfans que l'exemple de leurs mères encourage, courent sur les bombes à l'instant où elles sont tombées, pour en arracher les mèches et les empêcher d'éclater. Des hommes armés de tenailles et de grandes cuillers de fer fabriquées exprès vont dans les maisons où tombent les boulets rouges, les saisissent avec la plus grande dextérité, et les jettent dans les ruisseaux ou dans des vases pleins d'eau que l'on a placés dans toutes les rues. Tandis que les canonniers et les gardes nationaux font leur service sur les remparts, on les avertit que leurs maisons brûlent; ils répondent sans s'émouvoir qu'ils ne peuvent quitter leur poste, et ce n'est que lorsqu'ils sont remplacés, qu'ils s'occupent du soin de leurs propriétés. L'ennemi fatigué, et rebuté par leur résistance opiniâtre, donnait aux assiégés quelques momens de repos; le feu était ralenti, mais il reprit avec plus de force dans la journée du 3 octobre, et l'on prétend que ce fut d'après un ordre donné par l'archiduchesse Christine, qui venait d'arriver au camp autrichien. Cependant le 5 octobre il se ralentit de nouveau, et les foudres de l'ennemi, en tombant sur les débris fumans de la ville, n'offraient plus que des cailloux et des barres de fer. A la nouvelle de nos exploits en Champagne, le duc Albert, après avoir inutilement lancé dans Lille soixante mille boulets rouges, des bombes et des obus en proportion, prit le parti d'abandonner son entreprise; le 7 il exécuta un mouvement de retraite sur Tressin, et les braves Lillois délivrés se livrèrent encore à la joie, croyant que l'on ne pouvait acheter par de trop grands sacrifices (1) l'indépendance de sa patrie.

(1) Huit cents maisons étaient tout à fait détruites, un plus grand nombre considérablement endommagées, et près de trois mille hommes tués, tant de la garnison que de la ville.

Après la brillante affaire du pont de Lodi, où les grenadiers français cueillirent des palmes immortelles, arrêté sous un arbre, un de ces braves, nommé Francoeur, en pansait un autre blessé d'un coup de biscayen au bras droit et d'un coup de sabre sur la tête, quand un détachement de trente Autrichiens, coupé de son corps et sortant d'un petit bois où il s'était caché, parut à l'improviste. L'officier commandant le détachement, voyant le grenadier français, qui s'était débarrassé de ses armes, tout entier aux soins qu'il donnait à son camarade, ne craignit pas de s'avancer seul pour les sommer de se rendre ; mais celui-ci se retournant avec la promptitude de l'éclair, saisit l'Autrichien au collet, lui arrache son épée, et dit avec un accent terrible aux soldats du détachement : « Si vous ne déposez les armes, si vous faites un pas en avant, votre commandant est mort. » Le commandant saisi d'épouvante, tenu de manière à ne pouvoir se dégager, et très-peu disposé à mourir, engage lui-même les siens à souscrire aux conditions qu'on leur impose. Ils obéissent. Le vainqueur leur prescrit de suivre la direction des colonnes françaises, où, bien entendu, il va les accompagner à une respectueuse distance. C'est à ces conditions qu'après avoir reçu la parole d'honneur de l'officier autrichien, il lui permet de guider lui-même sa troupe. Pendant ce temps le brave blessé, quoique affaibli par la perte de son sang, ne voulant pas rester specta-teur inutile, tirait de la main gauche son sabre hors du fourreau, afin de seconder son compagnon, mais Francœur n'en avait plus besoin. L'intrépide grenadier achève de remplir le devoir d'humanité qu'il s'est imposé, puis il rejoint son corps d'armée, et a la gloire de présenter au général Bonaparte ses trente prisonniers. Cette action lui valut un sabre d'honneur.

Lorsque la célèbre victoire de Jemmapes eut ouvert aux Français les portes de la Belgique, ils y trouvèrent beaucoup d'amis: le peuple d'Anvers et de Namur avait con-traint les garnisons de ces places à les ren-dre; mais elles s'étaient retirées dans les citadelles où elles se défendaient. Nous allons à cette occasion citer un fait qui mérite de passer à la postérité. La tranchée était ouverte, et déjà les bombes et les boulets écrasaient la citadelle de Namur: tout à coup le bruit se répand que le fort

Villatte, qui couvre le château, est miné, et que les assiégeans vont sauter au moment où ils croient obtenir la victoire. C'est alors que le général LEVENEUR, commandant sous les ordres de Valence, conçoit un projet d'une étonnante intrépidité : il se dirige la nuit vers le fort avec quelques centaines de grenadiers *déterminés à mourir.* Les Français franchissent les palissades ; ils trouvent la première voûte déserte, mais les sentinelles qui gardent la seconde font feu et donnent l'alarme. Leveneur, ne pouvant franchir cette palissade, dit à un officier très-grand et très-fort, qui se trouve près de lui, de le jeter par-dessus. L'officier exécute cet ordre, et se précipite aussi de l'autre côté de la barrière ; plusieurs grenadiers les imitent. Déjà l'intrépide Leveneur a saisi le général autrichien ; lui mettant l'épée sur la poitrine, il lui dit : *conduis-moi à tes mines, ou tu es mort.* L'Autrichien, déconcerté par tant de hardiesse, balance un instant ; mais il cède. Le général français est conduit au fourneau des mines, il en arrache lui-même les mèches, les éteint, et le fort est en notre pouvoir.

Le cinquième bataillon de Saône-et-

9*

Loire étant en garnison dans le poste d'Ost-Capelle, village près de Lille, le 8 juillet, au milieu de la nuit, les ennemis au nombre d'environ deux mille, conduits par un Français qui avait déserté la veille, s'avancent tout-à-coup pour s'en emparer. Ils se précipitent dans le village avec une fureur dont la guerre offre peu d'exemples, ayant en un instant enfoncé tous les postes. HABERT, capitaine de grenadiers, rassemble à la hâte sa compagnie. Les Autrichiens fondent aussitôt sur lui, et le pressent en l'accablant d'une grêle de balles. Ne consultant que leur valeur, Habert dit à ses compagnons de gloire: « Mes amis, c'est ici notre tombeau! il faut périr dans ce retranchement plutôt que de l'abandonner. » Et, secondé par les braves grenadiers, il fait le feu le plus terrible. On se bat à coups de bayonnette et de sabre. Habert, après avoir tué trois de ses adversaires, est enveloppé par un peloton d'Autrichiens; cependant il ne cesse de se défendre avec succès, et ne répond aux propositions qu'ils lui font de se rendre, qu'aux cris de vive la France! Le nombre des assaillans augmentait; Habert allait infailliblement succomber, lorsque, averti par le bruit du combat, le reste du bataillon accourt, fond sur l'ennemi avec impétuosité et en fait un affreux carnage. Habert est dégagé, et les Autrichiens en fuite laissent le village et ses environs couverts de leurs morts. Quelques jours après l'ennemi revint à la charge, et l'attaque sur le même village fut renouvelée à deux heures du matin. Un caporal nommé MOREL est envoyé à la découverte ; un brouillard épais empêchait de voir à quelques pas de soi : ce brave tombe dans un poste autrichien. Tous se précipitent sur lui en le menaçant de le tuer s'il pousse un seul cri ; alors, nouveau d'Assas, oubliant comme lui le danger auquel son dévouement l'expose, il se met à crier de toute la force de sa voix : « Capitaine, feu, feu sur l'ennemi ! » et tombe au même instant percé de coups. Avertis par la voix du généreux guerrier, les Français accourent. Après un combat opiniâtre, ils dispersent et font fuir encore une fois les Autrichiens. Le brave Morel respirait encore ; il expira quelques instans après, mais la victoire semblait avoir adouci l'amertume de ses derniers momens.

───────

Lorsque les Français s'emparèrent de Fontarabie, ils emportèrent auparavant lès positions d'Haya et de Saint-Martial. Tous les corps firent leur devoir, mais les grenadiers mo ntrèrent la plus vive ardeur dans cette journée mémorable. En gravissant la montagne de Sàint-Marlial, pleins d'enthousiasme, ils s'écrièrent : « Pour cette fois, on parlera de nous à la convention nationale, et on lui fera un rapport de notre conduite. » Pendant l'action un obus espagnol tombe èntre. un caisson français et une pièce de huit. Deux soldats du premier régiment d'artillerie, ci-devant *La Fère*, se précipitent sur l'obus dont la fusée brûlait encore ; le premier la coupe avec son sabre, tandis que l'autre couvre de terre l'obus. Ce trait hardi sauva le détachement d'artillerie, que l'explosion du caisson pouvait abîmer.

Les Prussiens s'étaient fortifiés sur les hauteurs de Werdt et de Freschweiller, un grand nombre de bouches à feu rendaient les redoutes inabordables ; le général Hoche, en parcourant les rangs du corps d'armée qu'il commandait, crut remarquer quelque hésitation parmi les soldats, alors il s'écria : « Camarades, à six cents livres pièce les canons prussiens ! «*Adjugé !* répondent les grenadiers ; puis ils courent sur les canons la bayonnette en avant : ce mouvement entraîne toute l'armée. C'est en vain que l'artillerie ennemie exerce d'horribles ravages ; rien ne peut arrêter l'ardeur des Français. La première ligne des redoutes est rompue, les seconds retranchemens sont enlevés, et l'on commence à combattre avec la bayonnette, arme qui nous est si familière. Une de nos colonnes qui débouche sur la gauche force l'ennemi à changer son plan de défense ; il affaiblit son centre, et bientôt il voit ses derniers retranchemens envahis. Dix-huit canons et vingt-quatre caissons sont les trophées de cette journée. Les vainqueurs traînent les canons aux pieds de leur général, qui les leur paie au prix qu'il y avait mis lui-même avant le combat. Les Prussiens, vivement poursuivis par nos cavaliers et nos hussards, s'arrêtent sur une position qui leur donne un moment l'avantage ; mais une charge de dragons accourus au secours de notre cavalerie les culbuta. On leur prit six pièces de canon, et l'on fit douze cents prisonniers.

***

. **A** la bataille de Turcoing, le courage indomptable des grenadiers français électrisa toute l'armée. Plusieurs de nos géné-

raux y cueillirent d'immortels lauriers.
Là ces étrangers qui nous méprisaient
reconnurent que les Français pour vaincre
n'avaient pas toujours besoin d'un général
en chef. Les alliés avaient quatre-vingt-dix
mille hommes, nous n'en avions que soixante mille. Le combat dura long-temps,
et le sang coula en abondance. Le carnage
et la mort planèrent dans tous les rangs ;
aucun corps ne fut ébranlé par cette masse
redoutable. Enfin après une perte immense
l'ennemi rétograda, et les Français tout
rayonnans de gloire entrèrent à Turcoing.
Les généraux vaincus furent : l'archiduc
Charles, le duc d'Yorck, Kinski, Wurm-
ser et Clairfayt ; les généraux vainqueurs:
Macdonald, Bonneau, Souham et Moreau.
Ce dernier, jeune encore, vit commencer
dans cette journée cette réputation militaire
qui le plaça au rang des premiers capitaines
du siècle. Ce fut quelques jours après que
le fort Saint-Elme fut attaqué par l'armée
des Pyrénées-Orientales. Des batteries
furent portées à bras à travers des rochers
et des précipices. Les pièces furent pointées
et servies avec tant d'adresse, que bientôt
les fortifications ne furent plus qu'un mon-
ceau de ruines. Alors l'ennemi abandonna
ses retranchemens et se retira dans Col-

lioure, qui au bout de quelques jours se rendit à l'armée française. Ce fut après la prise de Collioure que le roi de Prusse écrivit à l'empereur d'Autriche cette lettre remarquable: « Il est impossible de sauver « votre territoire de l'invasion: les Français « ont des armées toujours renaissantes ; et, « ne vous y trompez pas, leurs généraux « ont une bonne tactique qui déconcerte « la nôtre et la met toujours en défaut. »

Pendant le combat de Geisberg, dont le succès occasionna la délivrance de Landau par le général Hoche, une compagnie d'artillerie légère se forme en carré pour recevoir le choc d'un régiment de cavalerie ennemie, en plaçant ses pièces au milieu, à portée de pistolet. Les pièces sont démasquées, et pendant qu'elles tirent sur la cavalerie, les canonniers qui ne servent point les pièces chargent eux-mêmes les cavaliers et les mettent en déroute. Ce trait de bravoure et de sang-froid ne fut pas le seul qui signala l'artillerie légère ; elle se couvrit de gloire dans cette journée, et le général lui dut une partie du succès.

Plusieurs traits d'une intrépidité sans

exemple signalèrent la conquête de l'île de Cassendria. LALIS, capitaine de grenadiers du seizième régiment, se jeta le premier dans un bateau sous le feu de l'ennemi, pour donner l'exemple à ses soldats et les encourager à le suivre. Tous se précipitèrent sur ses traces, les uns dans des bateaux et les autres à la nage. C'est ainsi que Ventre, sergent-major, Beugni, sergent, et Bouvard, caporal, traînèrent, au moyen d'une corde attachée à leur cou, des bateaux chargés de leurs camarades, et malgré le danger imminent auquel ils s'exposaient, répétèrent audacieusement neuf ou dix fois cette manœuvre.

Le village de Flines est situé au-delà de l'Escaut ; les Autrichiens avaient coutume d'y venir manger la poule, le 27 août, jour de la fête patronale. Le général de l'armée française, BEURNONVILLE, dès onze heures du matin, mit en embuscade, avec le plus grand silence, un bataillon de flanqueurs. Quelques officiers et une vingtaine de grenadiers français se joignant aux paysans, vont après les vêpres faire danser les filles du village. La forêt qui n'est qu'à portée de carabine retentit du son du tambourin, des timbales et des clarinettes : c'était la musique du premier bataillon de Paris. «*La musique adoucit les ours*, dit le général Beurnonville, dont nous copions le récit. » Les Autrichiens sortent de leurs tanières et viennent à l'assemblée. Des hussards, des chasseurs et des soldats de Murray projettent de venir en force et de se rendre maîtres du bal; nos grenadiers, quand ils paraissent, semblent avoir peur, et ont même l'air de prendre la fuite. Les membres du complot sortent des trous et des fossés, et fondent sur le bal. Les flanqueurs français, qui étaient cachés derrière les haies, paraissent alors; et, changeant le ton de musique, ils font pleuvoir une grêle de balles sur les assaillans, que l'on poursuit jusque dans leurs antres. Les officiers et les grenadiers n'interrompirent point le bal; douze Autrichiens furent tués, et plus de deux cents blessés de manière à se souvenir long-temps de la fête du village de Flines. Après cette petite sérénade que l'on donna aux Autrichiens, les flanqueurs dansèrent à leur tour. Ce fut ainsi que les Français, chez qui le plaisir s'allie à la gloire, apprirent à l'ennemi à respecter leurs amusemens.

Lorsqu'au mois de juillet 1796, le général Joubert s'empara des gorges du Tyrol, on vit, parmi les soldats français, des actions dignes d'un courage extraordinaire. Déjà le plus intrépide des braves, Claude Roche, était entré le premier dans les lignes de l'ennemi, tenant un officier autrichien d'une main, perçant de son épée un autre Autrichien, et faisant trois prisonniers. Ce brave, dédaignant leur dépouille, la laissa, et préféra la gloire d'emmener ces cinq individus après les avoir vaincus. C'était le moment des traits héroïques : Jean Guérin, sur la même ligne, tombait au même instant sur douze Impériaux. D'abord, il les vise, le fusil manque ; par un mouvement aussi prompt que le clin d'œil, il a déjà mis le sabre à la main, et coupé le bras au premier qui s'est avancé ; cette audace confond et intimide les autres : ils se rendent. Tous les grenadiers de cette colonne étaient animés d'une même ardeur. Ils exterminent tout ce qui se présente : tout fuit à leur aspect ; la terre est couverte de morts ; tous les bagages sont au pouvoir des Français. Tandis que quelques troupes emportent ces fameux retranchemens que les Autrichiens avaient pris tant de peine à établir, et qu'ils regardaient comme inexpugnables , une colonne française s'emparait de Bellune , dont l'heureuse position fut disputée , mais qui ne put résister long-temps à la valeur de nos soldats invincibles.

———

Vainqueur de Figuières , le général Pérignon résolut de s'emparer de Roses. Cette ville, l'une des plus belles de la Catalogne, est située dans une plaine au fond d'un golfe qui porte son nom : fortifiée par la nature et par l'art , elle n'avait jamais été prise sans le secours d'une armée navale. Indépendamment de sa citadelle , le château de la Trinité , bâti sur le revers d'une montagne escarpée, commande et défend par sa position la ville et le port. Ce château est connu sous le nom de *Bouton de Roses*. Les deux forts, qui peuvent communiquer ensemble , avaient une garnison d'environ six mille hommes , et l'amiral espagnol Longara se trouvait dans le port avec une flotte de treize vaisseaux de ligne et quarante-cinq bombardes. Par ce moyen la ville pouvait recevoir à chaque instant de nouveaux secours : ce qui rendait la réussite incertaine , et laissait pressentir que le siège serait fort long; mais Pérignon commandait à des soldats français. Non loin se trouvait une montagne à pic, élevée de deux mille toises au-dessus du niveau de la mer. A sa cime était un plateau d'où l'on dominait la ville, la rade et le *Bouton de Roses*. Le général jugea qu'il fallait y placer des batteries ; mais les ingénieurs déclarèrent la chose impossible : *C'est l'impossible que je veux*, dit Pérignon. Alors toute l'armée se met à l'ouvrage, et malgré les pluies et les frimas, bientôt un chemin de trois lieues est taillé dans les flancs de la montagne. Les canons sont montés à la prolonge sur un rocher presque perpendiculaire, dont on ne peut contempler la hauteur sans effroi. Les bombes et les obus, portés sur la selle, parviennent à ces sourcilleuses sommités, où des batteries de canon sont établies. La hardiesse et l'activité du soldat français causèrent aux Espagnols une telle surprise, qu'ils semblaient déjà vaincus lorsque la tranchée fut ouverte. Cependant leurs forts et leur flotte firent un feu effroyable, et tel qu'il ne fallait rien moins que la bravoure française pour ne pas en être découragé. Tandis que l'intrépide Pérignon commandait des manœuvres, assis sur un quartier de rocher, une bombe lancée du fort de la Trinité éclate près de lui et brûle un pan de son habit. C'est en vain qu'on lui crie de se retirer ; il contemple sans pâlir ces éclats meurtriers qui menacent sa tête et viennent mourir à ses pieds. Ce courage à toute épreuve et ce souverain mépris de la mort remplirent d'admiration l'armée française. L'exemple de son général lui fit supporter sans murmures toutes les privations et toutes les fatigues occasionnées par un long siège et un hiver très-rigoureux. Les assiégés n'éprouvaient aucune disette, et la place, au moyen de l'escadre, était abondamment pourvue de tout. Nos ingénieurs avouèrent que l'art ne leur offrait plus de moyens : il n'y avait plus que celui d'emporter les retranchemens. Préparez-vous, dit le général Pérignon : *demain, à cinq heures du matin, je serai à la tête des grenadiers.* A l'heure indiquée il marche, l'assaut est livré, et le général entre le premier par la brèche. Ses soldats le suivent, la bayonnette en avant ; et malgré le feu de la mousqueterie, des canons et des bombes, à huit heures du matin tous les retranchemens sont emportés. Tout fuyait devant les vainqueurs ; la garnison s'embarqua précipitamment, ne laissant que cinq cents hommes qui se rendirent à discrétion. La flotte espagnole avait levé l'ancre. C'est ainsi que, grâce au courage, à l'intrépidité et à la valeur, la clef de la Catalogne fut remise aux mains des Français le 2 janvier 1795.

———

Au combat de Bormio, dans la Valteline, une redoute qui vomissait la mort n'arrêta point les grenadiers français, qui, bravant les périls, marchèrent pour s'en emparer. Un conscrit se trouvant dans leurs rangs se précipitait sur la redoute.... Jeune homme ! que fais-tu là ? lui dit un grenadier dont il gênait le passage ; ce n'est pas ta place. Le conscrit, piqué de ce propos, s'élance dans la redoute avant les grenadiers, et, se tournant vers eux, se met à crier : *A moi les grenadiers et les conscrits !* Les Autrichiens, effrayés de tant d'audace, abandonnèrent aux vainqueurs dix-huit pièces de canon ; douze cents de leurs morts couvraient le champ de bataille, et les Français firent dans cette affaire quatre mille cinq cents prisonniers.

———

Le 9 mai 1792, une centaine de hulans viennent attaquer le poste de *Marcou* que gardent huit jeunes recrues commandés par un sergent nommé Rousselot. Celui-ci harangue fièrement sa troupe.

« Si je recule, dit-il, tuez-moi; si quel-
qu'un de vous recule, je le tue. » Il se
retire alors lentement en faisant un feu
continuel sur l'ennemi. Un de ses soldats
est atteint d'une balle, et lui dit : « Mon
sergent, j'ai, je crois, la cuisse cassée. —
Marches-tu encore ? demande Rousselot.
— Oui.—Vite, vite, recharge ton arme. »
Il n'y en eut que trois de blessés.

Un paysan des environs est pris et
conduit au colonel de ces mêmes hulans.
« Que penses-tu de la guerre ? lui demande
cet officier; tu peux parler librement. —
Vous voulez aller à Paris ? dit le paysan.
— Nous l'espérons bien. — Songez que
d'ici vous avez six à sept montagnes à
franchir. — Et quelles sont ces montagnes ?
interrompt le colonel surpris. Ce sont,
réplique fièrement le paysan, les cadavres
amoncelés de trois millions de Français
qui ont juré de périr plutôt que de subir
l'esclavage des étrangers. » Le colonel
tire son sabre. « Colonel, reprend le
paysan sans s'épouvanter, vous m'avez
promis de tout entendre : frappez-moi,
j'ai dit la vérité. » Le colonel admire tant
de grandeur d'âme, et fait mettre ce
bon Français en liberté.

10**

A la prise d'Arlon, le 7 juin 1793, un carabinier français, dangereusement blessé, attendait des secours; près de lui se trouvait un Autrichien plus maltraité encore. Sa position excite la pitié du carabinier. Un chirurgien arrive. A la vue de cet homme bienfaisant son cœur s'épanouit : « Accourez, mon ami, lui dit-il, il y a long-temps que je vous attendais. » Le chirurgien se met en devoir d'examiner sa plaie : « Ce n'est pas à moi, lui dit ce brave Français, que vos premiers soins sont dus; en voici un autre blessé encore plus grièvement que moi : c'est un Autrichien, c'est mon ennemi; mais il est homme, il suffit. »

——————

Après la prise de Dusseldorf, Championnet s'avança vers la Nidda, et attaqua le village de Costhein, près de Cassel, toujours avec ses grenadiers. Ce poste fut pris et repris six fois. Le canon de Cassel, les batteries flottantes du capitaine Williams, sur le Mein, rompaient les rangs des Français qui se reformaient aussitôt. L'ennemi, acharné pour se défendre, ne fut définitivement chassé du village qu'à la nuit; il en sortit à travers des ruines et des cendres enflammées.

Dans ce combat terrible, et l'un des plus meurtriers soutenus par nos armes, un officier de la 59.ᵉ demi-brigade, fait prisonnier, s'aperçoit que nos tirailleurs cessent leur feu dans la crainte de le blesser ; il s'écrie d'une voix forte, au milieu des soldats autrichiens qui l'entraînent : *Camarades, tirez toujours !* On se battit corps à corps. Les soldats désarmés employaient les dents, dans leur fureur, comme des armes offensives. Tout l'état-major de Championnet a vu à l'hôpital d'Hochein un soldat français qui avait un doigt coupé par les dents d'un Autrichien.

———————

Au combat des Gonaïves (Saint-Domingue), toutes les divisions françaises marchant dans des sables brûlans, gravissant continuellement des mornes escarpés où nulle route n'était frayée, avaient perdu leur artillerie. Le général Leclerc, étonné de voir que Desjourneaux seul avait conservé toute la sienne, lui demanda par quel prodige il l'avait ramenée. « Je me suis attelé avec cent soldats à un « obusier, lui répond Desjourneaux ; j'ai « fait venir tous les commandans des co- « lonnes : Allez dire à vos soldats, me

« suis-je écrié, que votre général est atte-
« lé à un obusier, que désormais rien ne
« doit arrêter la marche de l'artillerie.»
Cet exemple fit une telle impression, que
les soldats dételèrent les mulets, et l'artillerie, traînée par eux, fut toute con-
servée.

Les Français obtenaient en Suisse les
succès les plus brillans, mais aussi les
plus pénibles. Le général Soult, qui se
trouvait entre les lacs de Zurich et de Wa-
lenstadt, passa la Linth que défendaient
plus de quarante redoutes et de nombreux ennemis : il avait été impossible
de leur cacher ce passage, où les Français
déployèrent tant de valeur.

Tandis que le camp des Russes était
attaqué, et que leurs redoutes étaient
prises par le général Lochet, à la tête
de huit cents grenadiers ; tandis que ce
général, pour faciliter le passage des
troupes du général Laval, faisait rétablir
le pont de Grynau, deux cents nageurs
portant des lances, des pistolets et des
sabres, conduits par l'adjudant-major De-
laur, traversaient la rivière, battaient la
charge, répandaient la terreur dans le
camp des Autrichiens, enlevaient les pos-

tes qui défendaient les points par où devait s'effectuer le passage, et, par ce
moyen aussi hardi qu'extraordinaire, donnaient la facilité de mettre les barques à
l'eau, et de jeter des bataillons de grenadiers sur la rive droite.

Pendant l'exécution de tous ces mouvemens, le commandant Lapisse, à qui on
avait confié l'attaque du centre, faisait
d'une rive à l'autre un feu terrible qui
contenait l'ennemi, et paralysait les renforts qui lui arrivaient de toutes parts.

Lorsque le jour commença à paraître,
les Autrichiens revinrent de leur surprise,
et six compagnies de grenadiers, qui
étaient déjà passées, se virent sur le point
d'être enveloppées par les colonnes d'attaque qu'ils formèrent. Ces grenadiers
s'emparèrent trois fois du village de Schœ-
nis, et en furent repoussées trois fois ;
mais enfin la valeur française triompha,
en se maintenant dans ce poste malgré
l'acharnement des ennemis. Pendant ce
temps les pontonniers mettaient une activité inconcevable au passage de la Linth
qui continuait rapidement. Alors le général autrichien Hotze reçut en même
temps une balle à la cuisse et un coup
de feu dans l'estomac, dont il mourut :

son chef d'état-major fut tué à ses côtés ; le désordre se mit parmi les Autrichiens. Le général Soult, qui, à l'aide
d'un pont volant, venait de faire passer
son artillerie et sa cavalerie, culbuta
les Russes, et en fit un carnage épou-
vantable : la terre était couverte de leurs
morts. On prit dans cette affaire sept
cents hommes, quelques pièces de canon
et un drapeau.

---

*Le général Jardon disait souvent qu'avec
deux compagnies de grenadiers français
seulement, il ne ferait pas difficulté
d'attaquer vingt mille hommes, comme
s'il eût eu des forces égales.*

Le général Jardon ne respirait que les
combats ; son seul plaisir était de se battre.
Invitait-il à dîner quelques officiers de sa
brigade, il leur proposait pour amuse-
ment de l'après-dînée d'aller charger l'ennemi : c'était là son plaisir favori, il n'en
connaissait pas de plus grand. Cette bravoure semblait tenir à une prévention
des Belges, ses compatriotes, pour les
enfans nés coiffés. Il disait, avec l'air de
la plus intime conviction, que les balles
ni les boulets ne pouvaient jamais atteindre sa personne. Tous les événemens

de ses campagnes parurent l'affermir dans cette espèce de fanatisme. Il ne se passa presque aucune affaire à l'armée du Nord, où les chevaux, les aides-de-camp et les ordonnances du général Jardon n'eussent été tués ou grièvement blessés à ses côtés ; pour lui, il ne reçut jamais que des balles mortes dans ses habits. C'était un singulier spectacle de voir ses chevaux mutilés de coups de feu, les oreilles percées, la chair du poitrail et de la croupe emportée, tandis que le maître, exposé comme eux au feu de l'ennemi, paraissait invulnérable.

Au combat d'Outre-Meuse, où il détruisit une légion entière d'émigrés, il eut deux chevaux tués sous lui ; il vit tomber à ses côtés son jeune neveu percé de cinq blessures mortelles ; un de ses adjoints et ses ordonnances trouvèrent la mort près de lui, et il ne reçut pas la plus légère contusion ; une balle dirigée contre sa poitrine vint frapper la lame de son sabre qui fut brisée du coup ; une seconde balle cassa le pommeau dans sa main, sans atteindre seulement le petit doigt. Toutes les fois qu'il allait à la découverte, une partie des siens étaient renversés par les décharges de la mousqueterie ; souvent ceux qui l'entouraient tombaient pêle-mêle à ses côtés, tandis que les balles semblaient n'arriver sur ses vêtemens que pour y perdre toute leur force et rester sans effet. « Avec soixante-cinq grenadiers, il atta- « qua un jour neuf cents Autrichiens, et « les mit en déroute. » La lecture de pareils faits d'armes nous rappelle les temps héroïques ou les siècles de la féerie dans lesquels on se croirait transporté. On ne les croirait pas, s'ils n'étaient attestés par toute une armée contemporaine. On peut regarder de tels hommes comme faits pour exalter le courage et la valeur d'une nation, au moment où elle s'élançait de son territoire pour dompter les peuples qui méditaient son asservissement.

La 3.me demi-brigade d'infanterie de ligne combattit constamment avec une rare valeur : les sergens Pilotant et Charnier, nés, le premier dans le département de Maine-et-Loire, le second dans celui du Jura, chargèrent avec douze de leurs camarades contre une colonne ennemie, forte de six cents hommes, qui, étant mise en déroute, fut faite prison-

nière. Le caporal Cacaut, né dans le département des Deux-Sèvres, fut un de
ceux qui eurent la plus grande part à ce
beau fait d'armes : après s'être long-temps
battu corps à corps avec les Autrichiens,
il fondit sur une pièce de canon et s'en
empara. Le grenadier Roussot, né dans
le département de l'Ain, se jeta au
milieu d'un régiment dont il enleva le
drapeau.

Dans la 5.e légère, le sergent-major
Olivier, né dans le département de l'Ardèche, et le sergent Picard, né dans
celui de la Moselle, montrèrent un courage à toute épreuve. Le premier alla,
sous un feu des plus meurtriers, briser à
coups de crosse de fusil une porte qui
s'opposait à ce que nos carabiniers pussent déloger les Autrichiens qui s'étaient
retranchés derrière un mur crénelé.
Quoique blessé dans cette action, il ne
cessa de combattre qu'après la victoire.
Le second s'étant avancé avec impétuosité dans les rangs ennemis, y fut fait
prisonnier; mais il parvint à se dégager,
et revint à la charge pour mériter une
nouvelle arme d'honneur en re. placement
de celle qu'il avait perdue dans la

mêlée. Le caporal Mondry, né dans le département du Bas-Rhin, avec quatre carabiniers attaqua trente Autrichiens qui occupaient une position des plus avantageuses, en tua deux, en blessa trois, et fit douze prisonniers.

———

La 25.ᵉ légère brigua le premier rang au poste de l'honneur. Le sergent-major Belleville, né dans le département de la Marne, s'élança plusieurs fois dans les retranchemens ennemis, où sa bravoure fut fatale aux Autrichiens. Le sergent Boulogne, né dans le même département, ayant aperçu un détachement de quatre cents Autrichiens embusqués dans un jardin, se présenta à la seule porte par où ils pussent sortir, et les somma de mettre bas les armes. Cette audace épouvanta l'ennemi qui se rendit à discrétion.

———

Parmi les meilleurs soldats de la 55.ᵉ demi-brigade, on cita le sergent Leclerc né dans le département de la Somme, et le caporal Mirolle, né dans celui de la Moselle. Ces sous-officiers s'étant emparés de deux pièces de trois, s'en servirent pour faire feu sur les Autrichiens.

Les caporaux Ferdonnet, né dans le département de Loir-et-Cher, et Julienne, né dans celui d'Indre-et-Loire, contribuèrent par leur sang-froid et leur bonne contenance à faire rentrer l'ennemi dans le fort Finale. Le grenadier Molière, né dans le département de la Nièvre, fit prisonniers soixante chasseurs croates, ainsi que l'officier qui les commandait.

La belle conduite de la 75.ᵉ répondit à l'opinion que l'armée avait depuis long-temps de ce corps. Le sergent-major des grenadiers, Chanon, né dans le département des Vosges, donna l'exemple à sa compagnie en s'élançant le premier dans une redoute qui fut emportée d'assaut.

La 2.ᵉ demi-brigade se montra digne de sa belle réputation : parmi les sous-officiers et soldats de ce corps, on remarqua principalement les caporaux Maréchal, né dans le département de la Meuse, et Thomas, né dans le département du Bas-Rhin, ainsi que le fusilier Robinet, né dans le département de la Moselle. Le premier fit mettre bas les armes à neuf Autrichiens retranchés à la

11*

Madona-del-Settri ; le second , ayant été abandonné des hommes qu'il commandait, attaqua seul, en avant du fort Diamant, un poste considérable qu'il avait ordre de débusquer. Ce fut par une action semblable que s'honora Robinet, le dernier des trois.

Prise de Gaëte, *le 8 janvier* 1799. L'armée française aux ordres du général Championnet, après avoir dans plusieurs rencontres battu l'armée napolitaine, s'avançait sur Naples. La place de Gaëte, défendue par une forte garnison et une nombreuse artillerie, paraissait devoir opposer une longue résistance. Le général Rey s'en approche à la tête d'un bataillon, et fait lancer quelques obus sur la ville. La terreur s'empare de la garnison et des habitans, qui pensent que ce détachement n'est que l'avant-garde de l'armée française, qui sans doute suit immédiatement. Le gouverneur demande à capituler, mais le général Rey exige qu'il se rende à discrétion. Cet officier obéit. Quatre mille hommes déposent les armes devant quatre cents Français, qui trouvent dans la place quatre-vingt-douze bouches à feu, cent milliers de poudre, vingt mille fusils et des approvisionnemens pour toute une armée.

———

Bataille de Marengo, le 14 juin 1800. Les Français éprouvent d'abord peu de résistance, Marengo est pris, et l'ennemi acculé sur la Bormida. Mais le lendemain, dès six heures du matin, les Autrichiens débouchent, et, après quelques escar-mouches, ils attaquent la division Gardane. Le village de Marengo, devenu le centre de l'attaque, est défendu par le général Victor. La gauche du général Chambarthac est ébranlée. Lannes, arrivé avec la di-vision Watrin et la brigade Maison, est débordé, et soutient les plus vives at-taques à la tête de la 6.ᵉ demi-brigade légère et des 22.ᵉ, 28.ᵉ et 40.ᵉ de ligne. Le général Champaux, à la tête des 1.ᵉʳ et 8.ᵉ régimens de dragons, accourt pour soutenir la droite du général Lannes, et à la première charge est blessé à mort. Le général Saint-Cyr, secondé par l'in-trépide infanterie d'élite, arrive à la hauteur des grenadiers, les dépasse et s'établit dans Castel-Ceriolo. Le deuxième échelon de la réserve, commandé par Desaix, approchait après dix lieues d'une marche forcée. Bonaparte en ce moment ordonne à la première ligne la retraite par échelons, la gauche en avant. L'ennemi, trompé par cette manœuvre, croit l'armée en pleine retraite, tandis qu'elle ne fait qu'un mouvement de conversion. Bonaparte, traversant les rangs, s'adresse aux soldats avec cet air de confiance qui est le garant de la victoire : « Français, leur dit-il, c'est avoir fait trop de pas en arrière, le moment est venu de faire un pas décisif en avant. Souvenez-vous que mon habitude est de coucher sur le champ de bataille.» Il ordonne aussitôt de marcher en avant. L'action devient terrible. L'intrépide Desaix saute les fossés, franchit les haies, culbute, foule, écrase tout ce qui s'oppose à son passage. Tout-à-coup des cris s'élèvent : *Desaix n'est plus !* Cette nouvelle funeste passe de bouche en bouche. Cependant la mort même de ce brave contribue à la victoire. En ce même instant le jeune Kellermann, avec 800 chevaux réunis de plusieurs régimens, faisait mettre bas les armes à 6000 grenadiers hongrois. La division de Desaix, passée aux ordres du général Boudet, s'élance de nouveau comme la foudre, et charge avec une sorte de fureur. Toute l'armée respire la vengeance. Kellermann, Watrin, Lebrun, Beauharnais, combattent en héros. Bonaparte lui-même brave la mort au milieu des boulets qui soulèvent la terre sous les jambes de son cheval, mais sans émotion, sans cesser de donner ses ordres avec son sang-froid ordinaire. Le général Bessières court seconder la division Boudet ; les généraux Saint-Cyr, Rivaud, Lannes, Mounier, Fouché, Lapoype et Victor, se rivalisent sur différens points. Le désordre se laisse entrevoir dans les rangs ennemis, la nuit seule met fin au combat, et Bonaparte, selon son habitude, couche avec les Français *sur le champ de bataille.* Cette journée importante et célèbre est féconde en traits mémorables. Le lieutenant d'artillerie Conrad a la jambe emportée, et des canonniers volent à son secours : « Retournez à vos pièces, leur dit-il, et pointez un peu plus bas. » Un grenadier, nommé Brabant, chargea seul et tira pendant une heure contre l'ennemi une pièce de quatre dont il s'était emparé.

———

A la déplorable journée du 10 août, un trompette de la gendarmerie, âgé de onze ans, voulut suivre son père, et eut deux chevaux tués sous lui. « Allons, dit-il avec sang-froid, il n'y a pas moyen de finir à cheval; il faut que je sonne la trompette à pied.... ça ne fait rien, on m'entendra toujours; » et il sonna la charge.

———

Un colonel de hussards marchait à la découverte à la tête d'un escadron; il rencontre un corps de cavalerie supérieur en nombre; l'officier autrichien qui commande ce corps s'avance en criant aux Français : « *Allons, enfans de la patrie, le jour de gloire est arrivé.* » Étonné d'entendre ces mots sacrés dans la bouche d'un ennemi, le colonel s'arrête. « Tu as « donc peur, enfant de la patrie? dit « l'Autrichien. Tu n'oses avancer. » Le colonel frémit d'indignation, et, pour toute réponse, il fond sur lui et lui fait payer de la vie son ironique insulte.

———

Au combat naval d'Algésiras, qui eut lieu les 4 et 9 juillet 1801, le contre-amiral Linois donnant des éloges au canonnier CAZEHIS, continuant de servir sa pièce après avoir vu six de ses camarades tomber à ses côtés, ce brave se contenta de lui répondre : « Fussé-je le dernier, mon général, je continuerai de combattre. » Le gouvernement consulaire fit donner à ce brave une *hache d'honneur*. C'était avec des armes d'honneur qu'à cette époque on récompensait les actions d'éclat : la croix d'honneur n'était pas encore instituée.

Vingt-deux marins français, prisonniers à bord d'un ponton, dans la rade de Gibraltar, choisissent deux des plus braves qui se jettent à la nage, et vont enlever une chaloupe attachée à un bâtiment ennemi ; les vingt-deux matelots s'y placent et s'échappent pendant la nuit : ils n'ont pour armes que des bâtons. Ils rencontrent un vaisseau nommé *le Temple*, ils l'attaquent, le prennent à l'abordage, tuent tout ce qui résiste, et enchaînent le reste de l'équipage. Ils passent sans être vus à côté d'un vaisseau de guerre anglais et de deux frégates portugaises ; ils arrivent au port de Lorient, et vendent 500,000 fr. la cargaison de l'ennemi, enlevée d'une manière si extraordinaire.

Lorsque le général Pichegru poursuivait l'armée anglaise mise en déroute, trente hussards du 8.ᵉ régiment firent mettre bas les armes à deux bataillons anglais ; et un tambour de dix-huit ans, seul, mena dix prisonniers. On peut croire ces miracles de la bravoure française, dit un historien, lorsqu'ils sont attestés quinze ans après l'évènement.

Parmi les traits de courage des Français à l'attaque du Mont-Genèvre, où les Piémontais furent mis en déroute, nous n'en rapporterons qu'un des plus remarquables. Les Piémontais ayant surpris un poste de vingt et un chasseurs, les avaient confiés à trente hommes, qui les amenaient prisonniers. JANÉRIA, sergent-major au 2.e bataillon d'infanterie légère, entreprit seul de les délivrer. Posté avantageusement, au moment où le détachement passait, il s'écria : « A moi, chasseurs ! délivrons nos camarades. » A l'instant les Français prisonniers, encouragés par la voix du sergent-major, se jettent sur leurs vainqueurs et les désarment. Janéria, à la tête de vingt et un prisonniers qu'il venait de délivrer, ramena les trente Piémontais prisonniers, aux cris de *vive la France!*

Au camp de Fontarabie, pendant une canonnade très-vive, un obus espagnol tombe entre un de nos caissons et une pièce de huit ; deux canonniers du 1.er régiment d'artillerie se précipitent sur l'obus dont la fusée brûle encore : l'un coupe le feu avec son sabre, l'autre couvre de terre la mèche et l'obus, au moment d'éclater. Ce trait hardi sauva les machines, les chevaux et tout le régiment.

———

Dans l'armée de la Moselle, un chasseur du 26.e régiment eut le bras emporté par un boulet de canon ; il le ramasse, et le portant avec sang-froid à une batterie peu éloignée : « Tenez, dit-il aux canonniers, puisque ce bras me devient inutile, mettez-le à la bouche d'un de vos canons et envoyez-le aux ennemis.

———

SIÈGE DE DANTZICK, en 1807.

———

Au siège de Dantzick, en 1807, au moment où l'on se préparait à livrer l'assaut, on reconnut que les Prussiens avaient placé au sommet du talus de l'escarpe de grosses pièces de bois retenues par des cordages et destinées à renverser les colonnes d'attaque : il s'agissait d'aller couper les cordages sous les yeux de l'ennemi. Le nommé François *Vallé*, soldat du

12.ᵉ d'infanterie légère, s'offrit et exécuta ce coup d'audace avec un plein succès.

Ce fut encore pendant ce siège qu'une maison située sur le bord de la Vistule, à environ 700 toises des fortifications de la place, fut occupée dès le commencement du siège par le capitaine TARDIVELLE, qui a constamment tenu dans ce poste sous la mitraille de 5 pièces de canon placées dans une île, à 50 toises de la maison. Cette action parut si éclatante à toute l'armée, que l'on ne désignait plus ce poste que par le nom de *Maison Tardivelle*. L'ennemi s'est lassé de tirer contre cette maison qui protégeait les approches de la place et plusieurs établissemens sur la rive gauche de la Vistule. Ce nom a été conservé à la maison, et les alliés, lorsqu'ils attaquèrent Dantzick en 1813, l'appelaient aussi *Maison Tardivelle*.

Au même siège, le sergent de sapeurs du génie *Choppot* ayant découvert un puits de mine qui communiquait à des galeries que les assiégés construisaient pour renverser les travaux d'attaque des Français, y descendit seul, fit prisonniers douze mineurs prussiens et les ramena au camp tous les douze.

Le mineur du génie *Jacquemart* fit, au

même siège de 1807, un trait non moins audacieux. Il fut exposé à tout le feu de la mitraille des assiégés pendant le temps qu'il mit à limer la chaîne du bac par lequel ils communiquaient avec l'île, et voyant qu'il ne pouvait en venir à bout, il se prit à couper le poteau qui tenait la chaîne, et revint, sans blessures, rejoindre ses camarades.

Après le passage de la Prégel, vis-à-vis Wehlau, un tambour fut chargé par un cosaque, et se jeta ventre à terre ; le cosaque prend sa lance pour en percer le tambour ; mais celui-ci conserve toute sa présence d'esprit, tire à lui la lance, désarme le cosaque, le poursuit, l'atteint et le fait prisonnier.

Combat de Cacabelos. Le maréchal Soult, duc de Dalmatie, poussait les Anglais sur la Corogne. Le 3 janvier 1809, son avant-garde, aux ordres du général Merle, atteint l'arrière-garde ennemie postée sur les hauteurs de Cacabelos, en avant de Villa-Franca. Celle-ci est culbutée, et perd cinq cents hommes, dont deux cents prisonniers. Le général Colbert (Auguste), commandant la cavalerie légère du maréchal Soult, se portant en avant avec les tirailleurs, fut frappé d'une balle et expira quelques instans après. C'était un officier de mérite dont la perte fut sensible à l'armée. Deux jours auparavant, l'empereur Napoléon, passant la revue des troupes que commandait ce général, lui avait dit : « Colbert, vous « m'avez prouvé en Italie et en Allemagne « que vous étiez un de mes bons officiers, « je vous récompenserai.» Soit pressentiment, soit simplement saillie, ce général lui répondit vivement : « Dépêchez-vous, « Sire, car quoique je n'aie que trente « ans, je sens cependant que déjà je suis « très-vieux.»

Combat de la Piedra-Filla. L'armée anglaise, sous les ordres du général Moore, effectuait sa retraite sur la Corogne, poussée vivement par le maréchal Soult, duc de Dalmatie. Le 4 janvier 1809, son arrière-garde voulut tenir au col de la Piedra-Filla, mais elle fut enfoncée par l'avant-garde française, et perdit dans cet engagement quinze cents hommes, cinq pièces de canon, un grand nombre de voitures de bagages, et la caisse militaire, où il se trouvait deux millions d'argent.

Bataille d'Uclès. Pendant que le corps d'armée du maréchal Soult, duc de Dalmatie, chassait l'armée anglaise de la Galice, et l'acculait sur la Corogne. l'armée espagnole d'Andalousie faisait en avant de Cuença divers mouvemens, par lesquels elle semblait menacer Madrid. Le maréchal Victor partit le 10 janvier de Tolède avec le premier corps d'armée, pour s'opposer à ce corps ennemi, fort de vingt-cinq mille hommes, que commandait le duc de l'Infantado. Le premier corps resta deux jours aux environs d'Ocana, avançant lentement, sans avoir aucune nouvelle positive de l'ennemi. Soit hasard, soit ignorance des lieux, les divisions françaises se trouvèrent le 13 au matin tellement engagées au milieu de celles des Espagnols, que, voulant les tourner, elles se crurent un moment tournées elles-mêmes. La division Villatte rencontra la première, le 13 janvier 1809, une partie de l'armée ennemie rangée en bataille sur la crête d'une colline élevée et escarpée, près d'Uclès. Les Espagnols se confiaient dans la force de leur position et dans leur nombre ; mais quand ils virent l'impétuosité et le sang-froid avec lesquels les Français gravissaient les rochers, l'arme au bras, ils se débandèrent dès qu'ils eurent fait leur première décharge, et prirent la fuite vers Alcazar. Là, ils trouvèrent le maréchal Victor avec la division Ruffin, qui coupait la route. Le 9.ᵉ léger, les 24.ᵉ et 96.ᵉ de ligne, présentèrent à l'ennemi un mur de baïonnettes. Plus de six mille furent contraints de mettre bas les armes sur ce point. Une grande terreur s'empara alors de l'armée espagnole, et les divers corps qui la composaient se précipitèrent aveuglément dans tous les sens. Plusieurs de ces colonnes, en cherchant à s'échapper, se jetèrent dans le parc d'artillerie du général Sénarmont; plusieurs décharges à mitraille les forcèrent à changer de direction. L'armée espagnole perdit dans cette journée douze mille hommes, dont dix mille prisonniers, quarante pièces de canon et trente-quatre drapeaux. Elle fût tout entière tombée au pouvoir des Français, si la division de dragons du général Latour-Maubourg, qui avait fourni plusieurs charges aussi heureuses que brillantes, n'eût pas été trop fatiguée pour la poursuivre au loin. Les généraux Villatte, Ruffin, Latour-Maubourg, Sémellé, Sénarmont, furent cités pour leurs habiles manœuvres; et les colonels Château, Aimé,

Jamin, Meunier, Mouton-Duvernet, La-
coste, Pescheux, Combelle, et le chef
d'escadron Sopransi, du 1.er dragons, re-
çurent des éloges pour l'intrépidité qu'ils
déployèrent dans cette brillante journée.

———

Ce fut, il m'en souvient bien, devant
Rodrigo, en 1810, qu'un brave grenadier
hanovrien nous donna l'exemple d'un courage qui me fait vivement regretter de ne
pouvoir ajouter son nom au récit de l'un
des actes d'intrépidité dont il a honoré
son titre de soldat. Déjà décoré à l'époque
dont je parle, pour s'être emparé de deux
pièces de canon, seulement avec le secours
de deux camarades, il était connu pour ne
reculer devant aucun danger : il semblait,
du reste, que sa haute stature et sa force
extraordinaire lui assurassent d'avance le
succès. — Voici le fait. —Sur la brune, le
maréchal Ney visitant la tranchée, entouré
de son état-major et de quelques-uns de
nous, exprimait hautement le désir de se
voir maître d'un poste avancé qui, disait-il,
le fatiguait beaucoup. — « Ah ! maréchal,
s'écrie tout-à-coup le grenadier hanovrien,
si ce n'est que cela qui vous gêne, je m'en
charge à moi tout seul. —Mais comment
feras-tu ?—Que vous importe, maréchal,

pourvu que je vous débarrasse des malins qui le gardent. — Mais le nombre? — Je l'ignore; mais bah! j'en fais mon affaire, et avant demain matin vous aurez le poste, soyez tranquille. » Fidèle à sa promesse, le brave hanovrien, qui parlait espagnol comme un Espagnol lui-même, se déguise, et, armé seulement d'une hache, sort du camp vers minuit, tourne le poste comme s'il venait de la ville, et s'avance droit au but qu'il est décidé d'atteindre. Au *qui vive* de la première sentinelle du poste, il répond qu'il est porteur d'ordres; il marche, arrive devant le factionnaire sans défiance, et d'un coup de sa hache il l'étend à ses pieds; d'un bond le grenadier hanovrien a franchi la distance qui le séparait d'une seconde sentinelle qui a crié aux armes, et l'abat d'un autre coup. Il pénètre alors dans le poste, et, la hache levée, se précipite sur les soldats réveillés en sursaut. Il livre alors aux ennemis un combat à outrance; c'est en vain que les crosses et les baïonnettes le menacent et le frappent: sa hache coupe, assomme, et bientôt il ne trouve plus d'adversaires. Quatre Espagnols gisent à ses pieds, les cinq autres désarmés ont pris la fuite. Lui, fatigué du carnage et tout rouge de sang, s'occupe à rassem-

bler tous les fusils épars, va tranquillement chercher ceux des sentinelles qu'il
a tués au-dehors, les attache tous avec
une courroie, et comme le poids est trop
considérable pour qu'il puisse le porter,
il les traîne. Toujours armé de sa hache
protectrice, il sortait ainsi du poste et se
dirigeait vers le camp, lorsque ses camarades, inquiets sur son sort, arrivèrent et
portèrent en triomphe au maréchal le
brave et les fusils, trophée de sa victoire.

(Journal de l'Armée.)

Combat de Tarrega. Le 3 janvier 1811,
le général espagnol Georget, avec douze
cents hommes d'infanterie et huit cents
chevaux, attaque, au village de Tarrega,
trois cents hommes de cavalerie française,
commandés par le colonel Villatte (1).
Celui-ci, malgré son infériorité numérique, fait de si bonnes dispositions qu'il
soutient le combat jusqu'à l'arrivée du
colonel Maymat, qui avec quatre cents
chevaux accourait de Lerida à son secours.
Les Espagnols, enveloppés par cette nouvelle troupe, sont enfoncés, mis dans une

(1) Cet officier supérieur, maintenant maréchal-
de-camp, commandant à Nancy, est né à Longwy
(Moselle), le 10 décembre 1780.

déroute complète, et laissent quatre cents hommes sur le champ de bataille, dont cent cinquante prisonniers. Le général Georget, attaqué par le chasseur Dautze, blessé et terrassé fut fait prisonnier par lui.

———

L'assaut de Tarragone fut marqué par un trait de courage qui pourra figurer parmi les plus beaux souvenirs de l'histoire. Lors de l'assaut du fort Olive, le caporal de grenadiers BIANCHINI, du 6.ᵉ régiment italien, avait fait prisonniers, au pied même des murs de la ville, quelques soldats espagnols, et les avait amenés au général en chef, qui, admirant son courage, lui demanda quelle récompense il pouvait lui offrir : *l'honneur de monter le premier à l'assaut de Tarragone*, dit Bianchini. Cette réponse pouvait n'être que de la présence d'esprit ; c'était de l'héroïsme. Le 28 juin 1811, ce brave homme devenu sergent vient au moment de l'assaut se présenter dans la plus belle tenue au général en chef, et réclame de lui la faveur qui lui a été promise. Il s'élance des premiers, reçoit une blessure, continue de monter avec sang-froid, exhortant ses camarades à le suivre, est atteint deux fois

de Russie, raconte ce qui suit, tome 2, livre 10, chapitre 6 : Quand Mortier eut mis Krasnoé entre lui et Beningsen, il fut sauvé. L'ennemi ne coupait l'intervalle de cette ville à Lyadi que par le feu de ses batteries qui bordaient le côté gauche de la grande route. Colbert et Latour-Maubourg lès continrent sur leurs hauteurs. Au milieu de cette marche, un accident bizarre fut remarqué. Un obus entra dans le corps d'un cheval, il y éclata, et le mit en pièces sans blesser son cavalier, qui tomba debout et continua. » M. de Ségur n'ayant pas donné d'autres renseignemens, il était permis de douter de la véracité de ce fait si extraordinaire ; mais de nouvelles recherches ont fait connaître le cavalier auquel cet événement est arrivé. C'est M. Garcez (Joseph), ancien chef d'escadron du 1.er régiment de chasseurs à cheval de la ci-devant légion portugaise au service de France, et incorporé dans la campagne de 1812 à la jeune garde impériale. M. le duc de Trévise, MM. les généraux de la garde, et M. Lesseps, alors intendant général de Moscou, en furent témoins. Cet accident eut lieu le 18 novembre 1812, à 4 heures du soir, au combat de Krasnoë, M. Garcez venant de terminer une reconnaissance.

Combat de Bilbao. Pendant que le général Caffarelli, commandant l'armée française du nord de l'Espagne, marchait avec ses principales forces pour secourir Santona, menacé d'un siège par les Anglais, un corps espagnol de quatre mille hommes, sous les ordres du général Mendizabal, se portait sur ses derrières. Le 6 janvier 1813, le général Roguet, resté avec quelques centaines d'hommes dans Bilbao, y fut assailli par ces quatre mille Espagnols. Chassés de la ville, où ils avaient pénétré, ils prirent position sur les hauteurs d'Ollargano; mais bientôt attaqués vigoureusement par la petite colonne du général Roguet, ils sont culbutés et se retirent dans le plus grand désordre.

Combat de Valderas. Deux cents chevaux français avaient pris poste à Mayorga. Le chef d'escadron Mathès, qui les commandait, ayant été instruit que quatre cents chevaux espagnols du corps de Marquinez venaient d'arriver à Valderas, forme le projet de les enlever. Il se concerte avec le chef de bataillon Deleau du 47.ᵉ régiment, qui se réunit à lui avec trois cents hommes, et tous deux se portent au village de Valderas, où ils arrivent le

15 janvier 1813, à cinq heures du matin. Les Espagnols sont cernés, et tous ceux qui ne sont pas tués ou pris se noient dans la Cea en cherchant à s'échapper.

Arcis-sur-Aube forme la tête d'un défilé d'une demi-lieue, où des ponts servent seuls de passage à travers des marais et des bras de l'Aube : c'était la seule retraite qui restât à Napoléon en cas de revers ; il lui importait donc beaucoup de conserver cette position. Étant sous les murs de cette ville, le 20 mars 1814, il voit sa garde poursuivie par la cavalerie des coalisés, qui lui avait déjà pris trois pièces de canon. Napoléon, pour rallier les fuyards, leur crie : « *N'êtes-vous pas les vainqueurs de Champ-Aubert et de Mont-Mirail ?* » Au même instant il tire l'épée et marche à la tête des escadrons. Il courut de grands dangers dans la mêlée ; un coup de lance que lui portait un cosaque fut paré par le colonel Girardin, son aide-de-camp. Mais cette attaque imprévue déconcerta l'ennemi, et bientôt les Bavarois et les cosaques furent en désordre. Cependant l'armée austro-russe, recevant continuellement des renforts, fit un grand ravage dans les bataillons français. Napoléon resta constamment exposé au feu le plus vif, et son cheval ayant été atteint d'un boulet, on murmura de ce qu'il s'exposait ainsi : « *Ne craignez rien, s'é-cria-t-il, le boulet qui me tuera n'est point encore fondu.* » Ce combat meurtrier dura jusqu'à la fin du jour, et quoiqu'il eût la supériorité du nombre, l'ennemi ne put faire abandonner à nos braves le champ de bataille.

Bataille du Texel au mois de janvier 1794. Les Français, après avoir fait la conquête de la Hollande, portèrent leurs armes victorieuses sur les vaisseaux de cette puissance qui étaient retenus en mer par une glace profonde qui les empêchait de se mouvoir. Plusieurs escadrons de cavalerie furent détachés pour attaquer la flotte, défendue par les marins qui en formaient les équipages ; mais la valeur et l'intrépidité françaises triomphèrent bientôt des efforts des Hollandais, et leurs vaisseaux, semblables à des citadelles dont on formait le siège, se rendirent à la cavalerie française, qui y fit sur-le-champ arborer de nouveaux pavillons.

Au siège du fort de Burgos, en Espagne, le 18 octobre 1812, le canonnier Vanderkoff servait une pièce de flanc qui portait ses feux sur la brèche : une colonne anglaise débouche, descend le ravin, et gravit le revers opposé ; l'infanterie française se replie derrière un autre retranchement, les canonniers suivent le mouvement, à l'exception de Vanderkoff qui reste seul à sa pièce abandonnée. Cependant la troupe ennemie approche ; trois hommes s'en détachent et montent sur la brèche pour la reconnaître ; ils aperçoivent Vanderkoff et s'élancent sur lui ; mais l'intrépide canonnier, que rien n'intimide, saisit un levier, les étend tous les trois à ses pieds, retourne à sa pièce, chargée à mitraille, y met le feu à l'instant où la colonne anglaise débouche en masse, et la renverse. Notre infanterie, témoin de cet acte de bravoure, sortant de ses retranchemens, vient achever la victoire que le courage d'un seul homme a décidée.

Vanderkoff, renfermé dans St-Sébastien, ne démentit pas la belle réputation qu'il s'était acquise. Toujours au poste le plus exposé, lors de la première attaque que les Anglais tentèrent infruc-

13*

tueusement le 25 juillet 1813 pour enlever la place de vive force, il reçut une
blessure cruelle ; une balle lui fracassa
la mâchoire et le condamna à ne plus
partager les travaux de ses camarades.
Mais le jour du dernier assaut qui décida
la prise de la ville, quand l'heure du
danger eût sonné, rien ne put le rete-
nir ; il trompa la vigilance de ses gar-
diens ; s'échappa de l'hôpital, courut au
point où le péril était le plus grand, et
y combattit avec un acharnement héroïque, jusqu'à ce que les baïonnettes an-
glaises vinssent lui arracher le reste de
ses forces : il mourut percé de coups sur
la pièce qu'il servait.

———

A l'une des affaires les plus chaudes et
les plus meurtrières de la campagne de
Portugal, le 27.ᵉ de ligne donna l'un des
premiers, et se vit tourné tout à coup par
un corps d'Anglais dont l'attaque brusque
et imprévue jeta d'abord de la confusion
parmi les soldats assaillis de toutes parts.
Le colonel du 27.ᵉ était néanmoins parvenu à railler ses troupes, lorsqu'un coup
de feu lui fracassa la jambe et tua le cheval
qu'il montait. On le crut mort, et l'on
ne s'occupa plus que de le venger : ce fut

l'affaire d'un moment. Le 27.ᵉ s'ouvrit à la baïonnette un large passage à travers les assaillans. Nul ne songeait néanmoins à emporter le corps de son colonel, lorsqu'un sergent de voltigeurs, petit et mince, nommé Chesquière, dit à deux de ses camarades qu'il serait aussi honteux de laisser à l'ennemi les restes de leur brave colonel, qu'il le serait d'abandonner leur drapeau. « Allons le relever, ajouta-t-il, et montrons à ces cadets-là à qui ils ont affaire. » Les trois braves firent aussitôt volte-face, et un seul arriva jusqu'à l'arbre au pied duquel gisait le cadavre; les deux autres trouvèrent en route une mort glorieuse.

Ce n'était pas tout que d'être arrivé là: il fallait emporter le corps, et Chesquière essaya vainement de le charger sur ses épaules; ses forces trahirent constamment son courage et le firent succomber sous son fardeau. Alors il se mit à pleurer comme un enfant, car personne ne se trouvait près de lui.

Tout à coup il aperçoit au loin deux officiers ennemis; il les appelle en les menaçant de son fusil. Ceux-ci voyant un homme seul, accourent pour le faire prisonnier. Mais, avant qu'ils l'atteignissent,

Chesquière avait déjà blessé l'un d'eux et
marchait au devant de l'autre, avec lequel
il commença une lutte corps à corps, et
dont l'issue demeura long-temps incertaine. A la fin, Chesquière resta vainqueur, et l'Anglais, blessé aux deux bras,
se rendit prisonnier. Alors Chesquière
l'attacha lui et son camarade à la queue
d'un cheval, après s'en être fait aider au
préalable pour charger sur la selle le corps
mort de son colonel. Chesquière arriva
donc à l'ambulance avec sa précieuse dépouille et ses deux prisonniers.

Un chirurgien examine les blessures du
colonel, pose la main sur son cœur, et
s'écrie : « Il n'est point mort ! » On l'en-
toure, on lui prodigue des secours, et
celui que l'on croyait tué ouvre les yeux
et se jette dans les bras de Chesquière
lorsqu'il apprend tout ce que le sergent
a fait pour lui.

Chesquière, durant cette étreinte, jeta
un cri de douleur, et ce fut seulement
alors qu'il s'aperçut qu'il avait reçu un
coup de feu au bras gauche.

« Ote ton habit, lui dit le chirurgien,
et avance que je coupe ta chemise pour
panser ta blessure. »

Chesquière hésite et devient tout rouge.

« Avance donc!.. Crois-tu que j'aie mon temps à perdre ? »

Et il ôte lui-même l'habit de Chesquière malgré la résistance du sergent.. Le sergent avait le sein rond et blanc comme une jolie fille !...

C'était une femme en effet.

Les officiers prisonniers pleuraient de rage de s'être laissé prendre par une femme ; le colonel ne savait comment exprimer sa reconnaissance; le vieux chirurgien avait ôté machinalement son chapeau , et un vieux troupier, qui dans le temps avait été camarade de lit de Chesquière, se riait au nez de ne point avoir deviné le secret.

Alors tout s'expliqua, et l'on apprit que Virginie Chesquière , née à Délemont , près de Lille en Flandre, voyant son jeune frère appelé par la conscription et hors d'état de soutenir les fatigues de la guerre, avait obtenu de ses parens la permission de partir à la place du jeune conscrit. Ils étaient jumeaux et se ressemblaient beaucoup.

Elle s'était présentée , au départ , sous l'habit de son frère ; et incorporée dans le 27.ᵉ de ligne, elle y avait servi durant six années parmi lèsquelles elle avait été

promue successivement aux grades de caporal, de fourrier et de sergent.

Le général qui commandait la brigade,
instruit aussitôt de cet étrange événement,
vint trouver Virginie, lui donna la croix
de la Légion-d'Honneur, et lui remit son
congé. La jeune fille revint dans ses foyers,
où on la cita toujours pour un modèle de
bravoure et de modestie.

Après la prise de Dantzick, Napoléon
voulant reconnaître les services et la haute
capacité dont le maréchal Lefebvre avait
fait preuve à l'attaque. de cette place,
l'envoie chercher de grand matin. Celui-ci
accourt en toute hâte, et fait prévenir de
son arrivée l'Empereur, alors en train de
travailler avec le prince Berthier.

« Ah! ah! dit Napoléon, je vois avec
plaisir que M. le duc n'a pas été long à
faire sa toilette. »

Et puis se retournant vers un officier
d'ordonnance, il ajoute :

« Allez dire au duc de Dantzick que
je ne l'ai fait appeler de si bonne heure
que pour avoir le plaisir de déjeûner avec
lui.

— Mais, sire, je ferai respectueusement
observer à Votre Majesté que la personne

qui attend ses ordres n'est pas un duc :
c'est M. le maréchal Lefebvre.

— Monsieur, lorsque je fais un *duc*, je
vous prie de croire que ce n'est pas un
conte. »

L'officier d'ordonnance, déconcerté par
ce jeu de mot, reste interdit. L'Empereur
s'en aperçoit, et reprend aussitôt en souriant :

« Allez, allez, monsieur, et dites au duc
de Dantzick — et il appuya sur la quali-
fication — qu'il peut entrer ; nous allons
nous mettre à table.

En effet, le maréchal, introduit aussitôt,
déjeûna avec l'Empereur et le major-général : le repas ne fut pas long. Lorsqu'on
eut quitté la table, Napoléon prenant sur
son bureau un petit paquet cacheté ayant
la forme d'un carré long, le présente au
maréchal en lui disant :

« Duc de Dantzick, je sais que vous
aimez le chocolat ; en voilà d'excellent :
les petits cadeaux entretiennent l'amitié.
Au revoir, monsieur le duc. »

Et il le congédie en lui serrant affectueu-
sement la main.

Une fois seul, Lefebvre ne comprenant
rien à ce titre de duc dont l'Empereur l'a
gratifié pendant le déjeûner, non plus

qu'au cadeau qu'il vient de lui faire, soupçonne quelque surprise dans le paquet ; il l'ouvre et y trouve, avec le brevet qui lui concède ce nouveau titre, 400,000 francs en billets de banque : mais, du reste, pas la moindre apparence de chocolat, si ce n'est la forme et l'enveloppe du paquet dans lequel est contenu ce riche et honorable cadeau.

———

Napoléon, comme tous les grands hommes, avait ses bons momens et ses mauvais quarts d'heure. On connaît la présence d'esprit de ce jeune lieutenant sorti de l'école militaire de Saint-Cyr, que l'Empereur remercia du titre de capitaine parce que, son chapeau étant tombé, celui-ci s'était empressé de le ramasser et de le lui présenter : Napoléon le plaça en effet dans sa garde. Il était alors dans un de ses bons momens. Le voici maintenant dans un de ses mauvais quarts d'heure.

Le lendemain d'une affaire qui n'avait pas tourné comme il le désirait, il passe la revue d'un des régimens qui y avaient pris part.

« Qui commande cette compagnie? demande-t-il brusquement en se présentant devant le front des voltigeurs.

— Sire, répond un officier qui sort aussitôt des rangs, c'est moi.

— Vous êtes capitaine ?

— Non, sire, mais je suis du bois dont on les fait.

— C'est bien ! Quand je ferai des capitaines de bois, je penserai à vous. »

Un soldat de l'armée de Sambre-et-Meuse, blessé mortellement et que l'on portait à l'ambulance, dit, avant d'expirer, à quelques-uns de ses camarades qui semblaient s'apitoyer sur son sort : « Ce n'est rien, mes amis ; continuez d'aller au feu et soyez tranquilles ; nous avons à notre tête des généraux qui se battent comme des grenadiers. »

A la bataille d'Iéna, un voltigeur du 76.ᵉ régiment de ligne, nommé Brard, a les deux jambes emportées par un boulet : un chirurgien accourt et se prépare à l'opérer. « Laissez donc, major, lui dit Brard, ce n'est pas la peine, car je sens que je suis frit.... Mais qu'est-ce que fait un homme de plus ou de moins à l'effectif de la compagnie ? ça n'empêchera pas le 76.ᵉ de marcher la baïonnette en avant, et d'être toujours dans les fameux ! » Et il cessa bientôt de vivre.

Tandis que Napoléon se rendait d'Aus-
bourg au camp devant Ulm, en songeant
aux dispositions qu'il devait prendre pour
donner l'assaut à cette place, un combat
terrible et opiniâtre s'engage à peu de distance entre les Français et les Autrichiens.
Il durait déjà depuis deux heures, quand
tout à coup les cris de *Vive l'Empereur !*
se font entendre.

Ces mots, qui portaient toujours la terreur dans les rangs ennemis, et qui encou-
rageaient partout nos soldats, les électrisa
à un tel point qu'ils culbutèrent tout ce
qui se trouvait devant eux.

Aussitôt l'Empereur se montrant sur la
première ligne, s'écrie : « En avant ! » et
fait signe aux bataillons d'avancer. De
temps en temps son cheval disparaissait au
milieu de la fumée du canon.

Durant cette charge frénétique, Napoléon se trouve près d'un fusilier mortellement blessé, et qui, quoique étendu par
terre, criait comme lui : « En avant ! »

L'Empereur se retourne, l'aperçoit, et
lui jetant son manteau, lui dit :

« Tiens, et tâche de me le rapporter ;
je te donnerai la croix en échange : tu
viens de la gagner.

— Pas si bête, répond le soldat, j'aime

mieux cette couverture-là que la décoration. »

Il meurt quelques minutes après.

Le combat terminé, l'Empereur donne l'ordre d'enlever le corps de ce brave, et le fait enterrer dans son manteau, qui lui servit de linceul.

Ce fusilier se nommait Pichard, et appartenait au 2.ᵉ bataillon du 17.ᵉ d'infanterie légère.

————

Un jour que l'Empereur passait la revue de quelques régimens de la garde dans la cour des Tuileries, il y avait joint les élèves de l'école de S.ᵗ-Cyr, et avait remarqué parmi eux un sergent d'une tournure et d'un air tout-à-fait déterminés. Napoléon, qui aimait à tâter dans leur commencement l'avenir de ses officiers, fait appeler le jeune sergent et lui ordonne de commander l'exercice à un des régimens de la garde qui était en face de lui. Il faut rappeler ici que l'école de S.ᵗ-Cyr était renommée pour l'admirable précision de ses exercices, tandis que la garde, plus occupée de ses conquêtes du monde que du maniement des armes, n'y mettait plus la même prétention. Cependant le sergent se place devant ce régiment et commande d'une voix qui ne sentait aucune émotion.

« Attention!... Portez—armes! »

Le mouvement s'exécute, mais molle-ment et sans ensemble.

« C'est pas ça! s'écrie le sergent, un peu d'attention morbleu; au temps! »

L'Empereur sourit, quelques vieux gro-gnards trouvent la chose drôle : le sergent recommence.

« Attention!... Présentez—armes ! »

Nouveau mouvement, nouveau manque d'ensemble de la part du régiment.

« C'est pas ça du tout, sacredieu, dit l'élève de S.'-Cyr, voilà comment cela se fait : Une, deux. »

Et il leur exécute le mouvement. L'Em-pereur en rit tout haut, mais les grenadiers froncent le sourcil. Un troisième comman-dement arrive.

« Portez—armes! » crie le sergent, et l'on obéit encore, mais aussi imparfaite-ment que les deux premières fois.

« C'est pas ça, vous dis-je, c'est pas ça, répète le jeune homme; vous êtes des ganaches. »

A ces mots des murmures éclatent d'un bout à l'autre du régiment; les mots de *blanc-bec*, de *péquin*, sortent des rangs. L'Empereur les entend et s'avance: tout se tait. Il s'approche du sergent de S.'-Cyr, lui demande son fusil, et se plaçant entre le régiment de la garde et les élèves de l'école qui leur faisaient face, il commande lui-même l'exercice à ces derniers. L'école, stimulée par ce qui venait de se passer et surtout par la voix de l'Empereur, exécute avec un admirable ensemble tous les mouvemens qu'il commande.

Alors, lorsque l'Empereur juge que l'humeur de son vieux régiment a eu le temps de se calmer, il se tourne vers lui et lui dit en souriant, et en lui montrant les élèves de S.ᵗ-Cyr:

« Allons, mes enfans, il faut avouer que ce n'est pas mal. »

Puis se tournant vers le jeune sergent, il lui rend son fusil, en lui disant d'un ton sévère et de façon à être entendu de tout le monde :

« Et cependant, monsieur, nous faisions mieux que cela quand nous étions jeunes. »

Ce mot répara tout, et les cris de *Vive l'Empereur!* retentirent dans tous les rangs.

———

Pendant la campagne d'Italie, un sapeur du 5.ᵉ bataillon, nommé Latouche, avait été condamné à être fusillé, pour crime de maraude.

Avant d'être conduit au lieu du supplice, il écrivit à ses camarades cette lettre touchante : « Vous voyez, mes amis, à quel sort je suis réduit ! Et toi, commandant du détachement, si tu m'eusses défendu d'aller à la maraude, je ne serais pas exposé à mourir ignominieusement. Adieu, mes amis, adieu. » Et Latouche, les larmes aux yeux, ne se consola de perdre la vie que dans l'espoir que sa mort pourrait servir d'exemple.

———

Ce fut dans un des bassins que l'on était en train de construire pour les travaux du camp de Boulogne, qu'un matin, un jeune soldat de la garde impériale, enfoncé dans la vase jusqu'au cou, tirait de toutes ses forces, sans pouvoir venir à bout de la dégager, une brouette encore plus embourbée que lui. Tout couvert de sueur et ayant de l'eau jusqu'à mi-jambes, il jurait et pestait comme un véritable charretier embourbé. Le hasard lui faisant lever les yeux, il aperçoit, à quelques pas de lui, l'Empereur suivi de Berthier, qui visitaient les travaux. Il se met alors à chanter, d'un ton sentimental, ce refrain de l'ariette d'un opéra comique alors très à la mode :

« Vous qui protégez les amours,
Venez, venez à mon secours !... »

A ces paroles, plus encore qu'à la panto-
mime du travailleur, l'Empereur ne peut
s'empêcher de rire : il fait signe au pauvre
soldat de venir à lui.

« Ah! ah! dit Napoléon, tu es dans
la garde, à ce que je vois; dans quel
régiment?

— Sire, dans le premier des grenadiers.

— Depuis quand ?

— Sire, depuis que vous êtes empereur.

Oh! oh! il n'y a pas long-temps... il y
a trop peu de temps, n'est-ce pas, pour
que je te fasse officier? Mais conduis-toi
bien, et je te ferai nommer sergent; après
cela, si tu veux l'épaulette... eh bien !...
sur le premier champ de bataille... nous
verrons... Es-tu content?

— Oui, sire, très-content.

— Berthier, continua l'Empereur en
s'adressant au major-général, prenez le
nom de ce jeune homme, vous lui ferez
donner 200 fr. pour faire nettoyer son
pantalon. »

Puis, se retournant du côté de son pro-
tégé, il ajouta : «Allons, adieu, et tâche
de retirer ta brouette, car cela ne me
regarde pas. »

Et l'Empereur continua son inspection

14**

au milieu des acclamations des soldats accourus sur son passage.

———

Au mois de septembre 1804, l'Empereur étant à Mayence, il lui prend fantaisie un matin d'aller avec Joséphine et quelques officiers de sa maison déjeûner dans une petite île du Rhin, où on lui avait dit qu'était autrefois la maison de campagne de l'électeur, appelée *la Favorite*. On arrive, mais il ne reste de cette habitation aucune trace. — Elle avait été démolie depuis deux ans. — Il n'y avait pas même dans l'île un arbre à l'ombre duquel on pût se mettre à l'abri ; n'importe, les ordres avaient été donnés, le déjeûner est servi sur l'herbe, et chacun y prend place tant bien que mal.

Pendant ce repas champêtre, Napoléon aperçoit une pauvre femme qui, n'osant approcher, regardait de loin ce spectacle tout nouveau pour elle. L'Empereur lui fait signe d'avancer, et lorsqu'elle est près de lui, il lui fait demander en allemand, — car elle n'entendait pas un mot de français, — si jamais elle a rêvé qu'elle était riche ?

La vieille femme a beaucoup de peine à comprendre le but de cette question, et encore plus à y répondre ; enfin elle dit qu'elle pensait qu'une personne qui avait trois cents florins devait être la plus riche qui fût au monde.

« Diable ! dit l'Empereur, c'est un peu cher, mais n'importe. »

Et s'adressant à ses convives, il ajoute :

« Allons, cotisons-nous tous pour réaliser le rêve de cette bonne femme. Moi, je n'ai pas d'argent, mais prêtez-m'en ; je vous le rendrai après déjeûner. »

Aussitôt chacun de mettre la main à la poche, de réunir tout l'or qu'il a sur lui, de compléter la somme, et de la verser dans le tablier de la pauvre femme, à qui l'étonnement et la joie ne permirent pas d'articuler même une parole de remerciement ; heureusement que ses larmes et l'attendrissement dont elle fut saisie répondirent pour elle.

« Au moins, dit l'Empereur en riant, si je vous ai fait faire un déjeûner *peu commode,* vous ai-je fait participer à une bonne action ; partant de là il y a compensation, cependant nous ne sommes pas quittes. »

Et le soir même il fit compter à chacun de ses officiers le double de la somme qu'ils avaient déboursée le matin.

Un jour, en passant la revue, les yeux de Napoléon s'arrêtèrent tout à coup sur un jeune tambour de 16 à 17 ans, qu'il semblait reconnaître. Le grand homme s'approcha rapidement de l'enfant étonné, et lui dit d'une voix caressante :

« C'est donc toi, mon ami, qui as battu la charge devant Zurich, avec un bras percé d'une balle ? »

L'enfant, tout fasciné par la séduction de cette voix puissante, resta d'abord sans voix : la trop vive émotion que lui causait l'honneur inattendu d'une interpellation semblable, ne lui permettait pas de parler ; enfin surmontant cette première impression, il répondit d'un air modeste : « C'est moi, mon général.

« — C'est toi aussi, continua Napoléon, qui, à Veses, as sauvé la vie de ton commandant à force de courage et de présence d'esprit ?

« — Oui, mon général, reprit encore le jeune tambour, en rougissant de modestie.

« — Eh bien ! mon ami, ajouta alors Napoléon, en élevant la voix pour être mieux entendu par tous ceux qui étaient présens, ce n'est pas une baguette, mais bien un sabre d'honneur qui te sera donné, et dès ce jour, tu es sous-officier dans la garde des consuls ; continue à bien te conduire et je ne t'oublierai pas. »

Au siège de Thionville en 1792, les traits de bravoure et d'héroïsme se multiplièrent à un tel point, qu'il serait difficile de les relater tous ici ; mais nous citerons entre autres le fait suivant :

Les assiégeans avaient formé un approvisionnement considérable à Gavisse, et le commandant de la place, Félix Wimpfen, avait résolu de les détruire. D'abord il rompt un pont de bateaux établi à Cattenom ; quelques heures après un volontaire passe la Moselle à la nage, pour chercher une nacelle sur l'autre rive. Wimpfen traverse le premier la rivière avec quatorze hommes et attaque le poste ennemi avec cette faible troupe ; mais se voyant cerné de toutes parts et croyant devoir solliciter du secours de Metz, il demande un soldat courageux pour porter sa lettre. Trois hussards, les nommés Bastoul, Houel et Dordelin se présentent à la fois ; ils partent au galop. Les sentinelles autrichiennes les aperçoivent, tirent, et en tuent deux sur la place, Houel et Dordelin. Bastoul se fait jour à travers les postes ennemis, tombe dans une embuscade, se dégage malgré les coups de sabre qu'il reçoit, et couvert de blessures et de gloire arrive à Metz, remet au commandant de la place la lettre dont l'avait chargé Wimpfen, et épuisé par la fatigue et par la quantité de sang qu'il a perdu, tombe mort aux pieds de son cheval.

———

Ce fut au combat de Druczewo, le 11 juin 1807, quelques jours avant l'entrevue de Tilsitt, que l'armée française vit pour la première fois des Kalmoucks qui se battaient à coups de flèches, et cette nouveauté excita le rire de nos soldats. A ce même combat, un petit tambour, chargé par un de ces Cosaques, se jeta ventre à terre. Celui-ci saisit sa lance pour en percer son ennemi ; mais le tambour, conservant toute sa présence d'esprit, tira à lui la lance, désarma le Kalmouck et le poursuivant à son tour, l'atteignit et le tua avec l'arme qu'il lui avait enlevée.

———

Le soir de la bataille de Wagram, l'Empereur traversait le champ de bataille lorsqu'on vint lui annoncer la mort du général Lasalle qui venait d'être tué par un des derniers coups de fusil qui avaient été tirés. « Allons, dit Napoléon , avec un ton d'impatience et de regret tout à la fois , voilà encore un brave de moins : cette journée nous coûte bien cher. »

Le général Lasalle avait eu le matin même de la bataille un triste pressentiment de ce qui devait lui arriver le soir. S'étant toujours plus occupé de sa gloire que de sa fortune , la nuit qui précéda la journée du 6 juillet 1809 , il se releva pour écrire à la hâte une pétition à l'Empereur, dans laquelle il lui recommandait sa femme et ses enfans ; puis ayant mis cette supplique dans sa sabretache , il se recoucha et dormit fort paisiblement.

Le matin , lorsque Napoléon vint à passer devant sa division , le général Lasalle ne lui parla pas , mais il arrêta M. Maret qui passa devant lui un moment après , et lui dit : « M. le duc , je n'ai jamais rien demandé à l'Empereur ; tenez , remettez-lui cette pétition , car j'ai dans l'idée qu'il m'arrivera malheur aujourd'hui. » M. Maret prit la pétition , promit de la remettre à son adresse et plaisanta gaîment le général Lasalle sur ce qu'il appelait de *ridicules* pressentimens , et continua son chemin : quelques heures après ils n'étaient que trop justifiés par l'évènement.

CONQUÊTE DES ÉTATS D'ALGER.

L'armée a mis à la voile de Toulon le 25 mai 1830. Elle est débarquée le 14 juin à cinq heures du matin sur les côtes d'Afrique; elle a enlevé et détruit le fort de *Terré-Chica*; les Algériens ont été chassés de la première hauteur pendant que la deuxième division opérait son débarquement; les ennemis ont été poursuivis la baïonnette dans les reins. Le même jour on avait enlevé deux drapeaux à l'ennemi, deux obusiers et dix canons. Les Français se sont battus partout avec un grand courage; ils ont repoussé les Arabes et les Turcs avec un sang-froid admirable, quoique l'ennemi se soit toujours montré quatre contre un. La ville d'Alger s'est rendue à discrétion le 5 juillet 1830, à midi, et à deux heures le pavillon français flottait sur le palais du dey. Les forts et les batteries étaient garnis de 1500 canons de tous calibres; on a trouvé dans cette place les arsenaux de guerre et de marine approvisionnés d'armes et de munitions considérables. Douze bâtimens de guerre étaient dans le port. Cette nouvelle a été reçue en

France avec un grand enthousiasme. Le fort de l'Empereur, après quelques jours d'attaque, a été enlevé le 4 juillet 1830 par nos jeunes guerriers. Des Français faits prisonniers et des blessés ont été impitoyablement massacrés par les Algériens. Nos soldats, témoins de ces cruautés, ont agi de représailles. Un Turc s'est percé de trois coups de poignard plutôt que de se rendre. On demandait à un Turc prisonnier ce qu'il ferait si on lui rendait la liberté ? J'irais vous combattre, répondit-il avec énergie. On lui fit observer ensuite avec quels égards on le traitait, tandis que les siens avaient égorgé ceux de nous qui étaient tombés en leurs mains ; il découvrit sa poitrine, en disant avec fermeté : « Que n'en faites-vous autant ? » Un mineur allait en tirailleur, il venait de décharger son arme ; un Bédouin se précipite sur lui, l'ajuste à dix pas, et le traverse d'une balle. Le mineur tombé, se relève, charge son arme, tue le Bédouin, puis revient à nos postes sans abandonner son fusil. Un voltigeur, qui se battait bravement, reçut deux coups de feu qui ne firent que l'animer encore. Son capitaine, le voyant blessé, lui ordonna de se laisser conduire à l'ambulance pour se faire panser : il resta sur le champ de bataille, continuant à tirer sur les Arabes. L'ordre lui fut réitéré : il y fut sourd comme la première fois. Enfin, à la troisième sommation, il se retourna énergiquement du côté de celui qui la lui faisait, et il dit, en croisant sa baïonnette : « Que celui qui veut m'empêcher de me battre vienne donc ! » Il continua ensuite à tirer sur les Arabes. La générosité naturelle aux soldats français ne s'est pas toujours démentie dans la journée du 19 juin, bien que la manière dont les Barbares en agissent avec les Français ait indigné tout le monde. Un caporal de voltigeurs a été victime de ce sentiment, trop noble dans une guerre faite avec des Barbares : un Bédouin blessé s'étant mis à genoux devant ce caporal pour demander quartier, le caporal redresse son arme; mais au moment où le Français donnait la vie à celui qui l'implorait, le sauvage rusé démasqua un pistolet qu'il cachait sous son *bernus*, et tua à bout portant son adverversaire : ce trait de déloyauté, dont plusieurs Français ont été témoins, a irrité beaucoup les soldats. On ne sait comment accorder cette lâcheté avec la bravoure réelle des Arabes, qui se battent vraiment en désespérés. Dans la journée du 3o juin, un soldat se laisse surprendre par trois cavaliers arabes ; l'un d'eux le prend par les cheveux, au moment où l'autre tire son damas pour lui trancher la tête : c'en était fait du pauvre Français une minute plus tard ; mais s'apercevant que le briquet est encore en sa puissance, par un mouvement aussi prompt que l'éclair, il le tire de son fourreau, poignarde le Barbare qui le retenait par les cheveux, disperse les deux autres, monte sur le cheval du vaincu, et arrive à son poste à toute bride.

SIÈGE DE LA CITADELLE D'ANVERS.

Ce fut le 15 novembre 1832 que l'armée française *dite* du Nord, dont l'avant-garde était commandée par le duc d'Orléans, passa la frontière belge pour assurer par la force des armes l'exécution du traité du 15 novembre 1831, imposé à la Hollande par la conférence de Londres. L'armée avait pour commandant en chef le maréchal Gérard, et pour chef d'état-major général, le général Saint-Cyr-

Nugues ; le général Neigre commandait l'artillerie , et le général Haxo le génie.

Afin de ménager la ville , l'attaque de cette citadelle a eu lieu du côté de la campagne , malgré les difficultés du terrain , les inondations , et les obstacles de tout genre qui rendaient le choix de ce point d'attaque fort périlleux pour les troupes françaises.

Cette citadelle renfermait près de 5,000 hommes , que deux ans de séjour dans ses murs avaient dû familiariser avec l'idée des travaux d'un siège , ses fatigues et ses dangers. Elle possédait cent trente bouches à feu , de la poudre , des munitions , et toutes espèces d'approvisionnemens presque à profusion. Elle était secondée par une flottille de douze canonnières , qui entretenait la communication avec la Tête-de-Flandres et les forts qui en dépendent sur la rive gauche.

L'armée française était composée comme il suit : une brigade d'avant-garde , cinq divisions d'infanterie, y compris la réserve, ayant chacune deux batteries d'artillerie ; deux brigades de cavalerie légère ; une division de cavalerie de ligne ; une division de réserve : ces deux divisions ayant chacune une batterie d'artillerie ; les parcs de réserve ; un équipage de siége de quatre-vingts bouches à feu ; les compagnies de sapeurs et les parcs du génie , les équipages militaires ; les ouvriers d'adminis-tration et la force publique : le tout formant un effectif de 69,993 hommes et 17,975 chevaux. Ce fut dans la nuit du 29 au 30 novembre que la tranchée fut ouverte. Les travaux furent exécutés avec une grande ardeur par l'infanterie ; le 65.ᵉ régiment s'y fit surtout remarquer : c'est par lui que fut exécuté en quelques heures un travail qui exige ordinairement toute une nuit.

Les Hollandais ne s'aperçurent de nos dispositions qu'à huit heures du matin seulement. Ils n'ouvrirent leur feu qu'à midi. Le bruit du canon ennemi , en annonçant que la lutte allait devenir sérieuse, répandit l'enthousiasme dans nos rangs. Les obs-tacles qui retardèrent l'armement de quel-ques batteries , et la ferme volonté du maréchal Gérard de commencer le feu avec toutes les batteries à la fois , ne permirent pas de les démasquer avant le 4. Ce jour-là, à onze heures vingt minutes, et à un signal donné , quatre-vingt-deux bouches à feu , canons, obusiers et mor-tiers , tirèrent à la fois contre la citadelle.

15**

Deux petites sorties furent essayées par les Hollandais, le 5 décembre; elles furent repoussées vigoureusement. Après quatre jours d'un travail pénible de nos mineurs, ce ne fut que le 14 décembre, à cinq heures du matin, que la mine sauta; elle nous offrit une brèche large et accessible. Le capitaine de mineurs Jallot conduisit parfaitement ce travail, dans lequel les mineurs, et particulièrement le sergeut Fabre, déployèrent une constance et une fermeté digues des plus grands éloges. Le lieutenant-colonel Vaïllant et le garde du génie Négrier allèrent reconnaître la brèche et montèrent sur le sommet. A leur retour et sur leur rapport, l'ordre fut donné, et trois compagnies d'élite du 65.ᵉ régiment se mirent en mouvement. La 2.ᵉ de grenadiers, commandée par le lieutenant Duverger, et la 3.ᵉ de voltigeurs par le capitaine Courant, se portèrent en ordre et en silence sur les radeaux qui avaient été construits par le génie, et sur les décombres du rempart, pendant que vingt-cinq grenadiers détachés avec le lieutenant Boulet, sous la conduite de l'adjudant de tranchée Carle, du 61.ᵉ, tournaient la lunette par sa face droite, munis d'échelles, et se dirigeaient à la gorge, pour escalader ou pour franchir la barrière ; une autre compagnie de voltigeurs, celle du capitaine Montigny, avec quelques grenadiers en réserve, débouchait en même temps par notre droite, et attaquait aussi la lunette Saint-Laurent par la gorge, pour fermer toute retraite à la garnison. Nos soldats, bien avertis de ne pas tirer, marchèrent à la baïonnette, couronnèrent la brèche, s'élancèrent de tous côtés avec intrépidité sur la garnison, qui, surprise, enveloppée, après une vaine et courte résistance, mit bas les armes. Un petit nombre parvint à s'échapper ; quelques-uns furent tués, et soixante hommes et un officier furent faits prisonniers. Tous les bâtimens de la Citadelle furent incendiés par nos bombes. Le 24 décembre, après une belle défense, la garnison de la Citadelle sortit de la place, défila devant nos troupes et déposa ensuite les armes. Elle devait, aux termes de la capitulation, être faite prisonnière de guerre jusqu'à la reddition des forts Lillo et Liefkenshœk sur l'Escaut. Le roi de Hollande n'ayant pas souscrit à ces conditions, les Hollandais furent dirigés sur la France.

La conduite des troupes françaises a répondu à ce qu'on avait espéré du courage inné chez nos soldats, de l'ardeur belliqueuse et de l'excellente discipline qui sont les traits distinctifs de nos régimens. Leur enthousiasme, leur gaîté que n'altéraient ni les dangers, ni les fatigues de travaux que des pluies abondantes avaient rendus très-pénibles, ont fait l'admiration de tous ceux qui en ont été les témoins. L'artillerie s'est fait admirer par son zèle, et les difficultés sans nombre qu'elle a su vaincre.

En parlant du passage du fossé Saint-Laurent, c'est l'occasion de rapporter un trait de courage d'une femme française, qui est connue dans toute l'armée sous le nom de *belle cantinière du vingt-cinquième*. Cette jeune femme, dont la figure est remarquable par son caractère de bonté, et dont les traits ont autant d'éclat que de douceur, a été vue dans les positions les plus exposées et les plus dangereuses, montrant un tel degré de courage et de sang-froid, que les vieux soldats eux-mêmes en étaient étonnés. Son costume consistait en un chapeau noir ciré, un bonnet attaché sous le menton, une veste bleue serrée comme un corsage d'amazone, une jupe rouge, un pantalon rouge et des bottes ; son panier sous le bras et son baril d'eau-

de-vie en bandouillère, elle allait distri-
buant ses réconfortans. Pas un soldat, un
officier ou un amateur ne passait devant
Antoinette Moreau sans lui demander un
verre de schnick, ou sans lui adresser un
compliment sur son courage et la bonté
de sa marchandise. Cette courageuse jeune
femme s'est distinguée non seulement par
les soins qu'elle a pris des blessés dans
les tranchées, mais encore elle s'est hono-
rablement montrée dans une autre occasion. Lorsque le sergent de mineurs Fabre
était logé dans l'escarpe du fort Saint-Laurent, où il demeura quatre jours, on se
rappela qu'il était sans nourriture. Le
radeau avait été retiré, et le feu, très-vio-
lent en ce moment rendait le passage on
ne peut plus dangereux.

Antoinette Moreau se trouva là par hasard tandis qu'on discutait cette affaire, et
avant qu'aucun des vieux camarades de
Fabre pût se présenter de bonne volonté
pour le service, la cantinière partit, poussa
le radeau, et après avoir donné au mineur des provisions pour deux jours,
elle retourna saine et sauve, au milieu
d'une grêle de coups de feu, de balles
et de projectiles. Le 23 au matin, elle fut
présentée au maréchal et aux princes, qui

la complimentèrent sur sa bravoure et la remercièrent de son trait de courage au nom de l'armée.

Au siège d'Anvers qui a duré 24 jours et 24 nuits, il a été ouvert 14,000 mètres de tranchée, sous le feu des batteries hollandaises ; il a été tiré 63,000 coups par l'artillerie française. Il a été pris, par capitulation, 5,000 soldats de différentes armes, dont 185 officiers ; nous avons eu 608 hommes tués.

***

HOMMAGE

AUX VAINQUEURS D'ANVERS,

Par M. Léon de CHAUMONT, *maréchal-des-logis au 4.ᵉ régiment de lanciers.*

Nous donnerons ici quelques extraits de cette pièce de vers. Le poète suit l'armée française à son départ ; elle arrive à Bruxelles :

Bruxelle a salué les bataillons français :
Pourquoi donc sur ses traits une pensée amère ?
Hélas ! dans son orgueil, la ville hospitalière
Se rappelle les jours où l'aigle d'Austerlitz
Présentait sous son aile un refuge à ses fils...
Ce drapeau qu'elle aimait, et dont l'ombre féconde
De ses larges réseaux environnait le monde,
N'aura fait que passer ainsi qu'un songe heureux.
. . . .
. . . .
. . . .

Nous citerons encore la fin de cette pièce :

Fiers de porter le nom d'un jeune fils de France,
Au premier rang marchaient ces braves dont la lance
Ombrage les rayons du casque polonais ;
A ses côtés, fidèle à ses galans succès,
Le hussard, des amours joyeuse sentinelle,
Pour le soir déjà semble inviter la plus belle.
Plus loin voyez passer le chasseur diligent,
Sous son casque doré le dragon imposant,
Le cavalier géant qu'une large cuirasse
De ses liens d'azur fortement entrelace,
Et l'artilleur suivi de ses foudres d'airain,
Et les dignes rivaux de son brillant destin.
Voici le fantassin, et son pas en cadence
Conserve entre les rangs une égale distance ;
En voyant les couleurs de son riche drapeau,
Son cœur bondit, léger sous le poids du fardeau
Qui ne l'empêche pas, à travers la mitraille,
De planter son échelle au pied de la muraille.
Mais pourquoi ces clameurs, pourquoi ces cris confus,
De retentissement frappant les airs émus ?
« Les voilà ! les voilà ! » Brillant d'adolescence,
Le couple fraternel parmi les chefs s'avance :
Sur ce front où se peint l'image du bonheur,
Chacun a deviné qu'ils songent à leur sœur.
Le héros de Ligny, près d'eux levant sa tête
Qui brava tant de fois le feu de la tempête,
Renaît aux beaux jours crus long-temps sans len-
    demain,
Où son nom fameux, seul, valait un bulletin.
Près de lui c'est Haxo, rajeuni par la gloire,
Neigre de son canon enchaînant la victoire,
Et Nugues témoignant par sa noble pâleur
Que les boulets encor lui gardent leur faveur.

A l'attaque de la ville de Bougie , en

Afrique, la garde du blockhaus de Salem, composée seulement de 20 chasseurs du 2.ᵉ bataillon d'Afrique et de 4 canonniers, se défendit, pendant toute la nuit du 10 au 11 octobre 1834, contre plus de 800 Kabaïles, qui perdirent beaucoup d'hommes tués et blessés et furent obligés de s'enfuir, ne pouvant réussir à s'emparer de ce blockhaus.

Le ministre de la guerre, informé de la belle défense de ces 24 militaires, a obtenu du roi la décoration de la Légion-d'Honneur pour l'officier commandant de ce poste, M. Mahous, du 59.ᵉ régiment, pour le sergent Perret, du 2.ᵉ bataillon d'Afrique, jeune militaire de 22 ans, dont le père, décoré par Napoléon, est à l'Hôtel des Invalides, et pour le caporal Loiseau, de l'artillerie.

FIN DE LA SECONDE PARTIE.

TROISIÈME PARTIE.

PROCLAMATIONS

DE

L'EMPEREUR NAPOLÉON

A SES ARMÉES.

Immédiatement après la victoire de la bataille de Mondovi, gagnée par les Français le 22 avril 1796, Napoléon adressa à son armée la proclamation suivante :

« Soldats,

« Vous avez, en quinze jours, remporté six victoires, pris vingt-et-un drapeaux, cinquante pièces de canon, plusieurs places fortes, conquis la partie la plus riche du Piémont; vous avez fait quinze mille prisonniers, tué ou blessé plus de dix mille hommes.

« Vous vous étiez jusqu'ici battus pour des rochers stériles illustrés par votre courage, mais inutiles à la patrie; vous éga-

16

lez aujourd'hui, par vos services, l'armée conquérante de Hollande et du Rhin; dénués de tout, vous avez suppléé à tout; vous avez gagné des batailles sans canons, passé des rivières sans ponts, fait des marches forcées sans souliers, bivouaqué sans eau-de-vie et quelquefois sans pain. Les phalanges républicaines, les soldats de la Liberté étaient seuls capables de souffrir ce que vous avez souffert. Grâces vous en soient rendues, soldats; la patrie reconnaissante vous devra en partie sa prospérité; et si, vainqueurs de Toulon, vous présageâtes l'immortelle campagne de l'an 3, vos victoires actuelles en présagent une plus belle encore.

« Les deux armées qui naguère vous attaquaient avec audace, fuient épouvantées devant vous. Les hommes pervers qui riaient des privations auxquelles vous étiez condamnés, et se réjouissaient dans leur pensée du triomphe de vos ennemis, sont confondus et tremblans.

« Mais, soldats, il ne faut pas le dissimuler, vous n'avez rien fait puisqu'il vous reste encore à faire; ni Turin, ni Milan ne sont à vous; les cendres des vainqueurs de Tarquin sont encore foulées par vos ennemis.

« Vous étiez dénués de tout au commencement de la campagne , vous êtes aujourd'hui abondamment pourvus ; les magasins pris à vos ennemis sont nombreux ; l'artillerie est arrivée ; la patrie a droit d'attendre de vous de grandes choses. Justifierez-vous son attente ? Les plus grands obstacles sont franchis , sans doute , mais vous avez encore des combats à livrer , des villes à prendre , des rivières à passer. En est-il qui préféreraient de retourner sur les sommets de l'Apennin et des Alpes , essuyer patiemment les injures d'une soldatesque esclave ? Non , il n'en est point parmi les vainqueurs de Montenotte , de Millésimo , de Dégo et de Mondovi !

« Tous brûlent de porter au loin la gloire du peuple français ; tous veulent humilier ces rois orgueilleux qui osaient méditer de nous donner des fers ; tous veulent dicter une paix glorieuse , qui indemnise la patrie des sacrifices immenses qu'elle a faits ; tous veulent , en rentrant dans leurs villages , pouvoir dire avec fierté : *J'étais de l'armée conquérante de l'Italie !*

« Amis , je vous la promets, cette conquête ; mais il est une condition qu'il faut

que vous juriez de remplir, c'est de respecter les peuples que vous délivrerez de
leurs fers ; c'est de réprimer les pillages
auxquels se portent des scélérats suscités
par nos ennemis. Sans cela, vous ne seriez
point les libérateurs des peuples, vous
en seriez les fléaux ; vous ne seriez pas
l'honneur du peuple français, il vous dé-
savouerait ; vos victoires, votre courage,
vos succès, le sang de nos frères morts en
combattant, tout serait perdu, même
l'honneur et la gloire.

« Quant à moi et aux généraux qui ont
votre confiance, nous rougirions de commander à une armée sans discipline, qui
ne connaîtrait de loi que la force ; mais,
investi de l'autorité nationale, je saurai
faire respecter au petit nombre d'hommes
sans cœur les lois de l'humanité et de
l'honneur qu'ils foulent aux pieds ; je ne
souffrirai pas que des brigands souillent
vos lauriers !

« Peuples d'Italie, l'armée française
vient chez vous pour rompre vos chaînes.
Le peuple français est l'ami de tous les
peuples. Venez avec confiance au-devant
de nos drapeaux ; votre religion, vos propriétés, vos usages seront respectés. Nous
ferons la guerre en ennemis généreux ; nous

n'en voulons qu'aux tyrans qui vous asser-
vissent. »

———

Après la prise de Milan, Napoléon parcourut ses phalanges, les réunit et leur
adressa cette belle proclamation :

« Soldats !

« Vous vous êtes précipités comme un
torrent du haut de l'Apennin ; vous avez
culbuté, dispersé tout ce qui s'opposait
à votre passage.

« Le Piémont, délivré de la tyrannie
autrichienne, s'est livré aux sentimens na-
turels de paix et d'amitié qui l'attachent
à la France ; Milan est à vous ; le pavillon
français flotte dans toute la Lombardie.
Les ducs de Parme et de Modène ne doivent
leur existence qu'à votre générosité.

« L'armée qui vous menaçait avec tant
d'orgueil ne trouve plus de barrière qui
la rassure contre votre courage : le Pô, le
Tésin, l'Adda n'ont pu vous arrêter un
seul jour ; vous avez franchi ces boule-
vards vantés de l'Italie aussi rapidement
que l'Apennin.

« Tant de succès ont porté la joie dans
le sein de votre patrie : vos représentans
ont ordonné une fête dédiée à vos victoires,

16**

célébrée dans toutes les communes de la France. Là, vos pères, vos mères, vos épouses, vos sœurs, vos amantes, se réjouissent de vos succès, et se vantent avec orgueil de vous appartenir.

« Oui, soldats, vous avez beaucoup fait, mais il vous reste encore beaucoup à faire : dirait-on de nous que nous avons su vaincre, mais que nous n'avons pas su profiter de la victoire? La postérité nous reprocherait-elle d'avoir trouvé Capoue dans la Lombardie?... Non, je vous vois déjà courir aux armes ; un lâche repos vous fatigue ; les journées perdues pour la gloire, le sont pour votre bonheur. Eh bien, partons! Nous avons des marches forcées à faire, des ennemis à soumettre, des lauriers à cueillir, des injures à venger. Que ceux qui ont aiguisé les poignards de la guerre civile en France, qui ont lâchement assassiné nos ministres, incendié nos vaisseaux à Toulon, tremblent... L'heure de la vengeance a sonné ; mais que les peuples soient sans inquiétudes, nous sommes amis de tous les peuples, et plus particulièrement des descendans des Brutus, des Scipion, et des grands hommes que nous avons pris pour modèles.

« Rétablir le capitole, y placer avec

honneur les statues des héros qui le rendirent célébre, réveiller le peuple romain engourdi par plusieurs siècles d'esclavage, tel sera le fruit de vos victoires ; elles feront époque dans la postérité ; vous aurez la gloire immortelle de changer la face de la plus belle partie de l'Europe.

« Le peuple français, libre, respecté du monde entier, donnera à l'Europe une paix glorieuse qui l'indemnisera des sacrifices de toute espèce qu'il fait depuis six ans ; vous rentrerez alors dans vos foyers, et vos concitoyens diront, en vous montrant : *Il était de l'armée d'Italie.* »

Napoléon, après son entrée à Mantoue (Italie), adressa cette proclamation à son armée :

« Soldats !

« La prise de Mantoue vient de finir une campagne qui vous a donné des droits éternels à la reconnaissance de la patrie. Vous avez remporté la victoire dans quatre batailles rangées et soixante-dix combats ; vous avez fait plus de cent mille prisonniers, pris à l'ennemi cinquante pièces de canon de gros calibre et quatre équipages de pont. Le pays que vous avez

conquis a nourri, entretenu, soldé l'armée pendant toute la campagne, et vous
avez envoyé au ministre des finances *trente
millions* pour le soulagement du trésor
public ; vous avez de plus enrichi le Mu-
séum de Paris de plus de *trois cents objets*,
chefs-d'œuvre de l'ancienne et de la nouvelle Italie, et qu'il a fallu trente siècles
pour produire. »

———

Avant l'embarcation des troupes françaises pour l'expédition d'Egypte au mois
de mai 1798, Napoléon passa son armée
en revue, et lui adressa la proclamation
suivante :

« Soldats !

« Vous êtes une des ailes de l'armée
d'Angleterre, vous avez fait la guerre de
montagnes, de plaines, de sièges ; il vous
reste à faire la guerre maritime. Les légions
romaines, que vous avez quelquefois imi-
tées, mais pas encore égalées, combat-
taient Carthage, tour-à-tour, sur cette
même mer et aux plaines de Zama. La
victoire ne les abandonna jamais, parce
que constamment elles furent braves, pa-
tientes à supporter la fatigue, disciplinées,
unies entre elles.

« Soldats ! l'Europe a les yeux fixés

sur vous. Vous avez de grandes destinées à remplir, des batailles à livrer, des dangers, des fatigues à vaincre ; vous ferez plus que vous n'avez fait pour la prospérité de la patrie, le bonheur du monde et votre propre gloire.

« Marins et soldats, soyez unis ; souvenez-vous que le jour d'une bataille vous avez besoin les uns des autres.

« Soldats, matelots, vous avez été jusqu'ici négligés ; aujourd'hui la plus grande sollicitude de la France est pour vous ; vous serez dignes de l'armée dont vous faites partie.

« Le génie de la liberté, qui rendit, dès sa naissance, la République l'arbitre de l'Europe, veut qu'elle le soit des mers et des nations les plus lointaines. »

Semblable à toutes celles de son auteur, cette proclamation produisit un effet magique. Fière de ses travaux futurs, l'armée appelait de tous ses vœux le signal du combat ; et il semblait, à ses transports, que chaque instant passé sur la rive était un jour de perdu pour sa gloire.

———

Napoléon, après la prise d'Alexandrie, adressa aux habitans de cette ville, et fit répandre avec profusion dans toute l'Egypte cette proclamation :

« Depuis trop long-temps les beys qui gouvernent l'Egypte insultent à la nation française, et couvrent ses négocians d'avanies. L'heure de leur châtiment est arrivée.

« Depuis trop long-temps ce ramassis d'esclaves achetés dans le Caucase et la Géorgie tyrannise la plus belle partie du monde ; mais Dieu, de qui dépend tout, a ordonné que leur empire finît.

« Peuples de l'Egypte, on vous dira que je viens pour détruire votre religion, ne le croyez pas ; répondez que je viens vous restituer vos droits, punir les usurpateurs, et que je respecte plus que les Mameloucks Dieu, son prophète et l'Alcoran.

« Dites-leur que tous les hommes sont égaux devant Dieu : la sagesse, les talens et les vertus mettent seuls de la différence entre eux.

« Or, quelle sagesse, quels talens, quelles vertus distinguent les Mamelouks, pour qu'ils aient exclusivement tout ce qui rend la vie aimable et douce ?

« Y a-t-il une belle terre, elle appartient aux Mameloucks. Y a-t-il une belle esclave, un beau cheval, une belle maison, cela appartient aux Mamelouks.

« Si l'Egypte est leur ferme, qu'ils

montrent le bail que Dieu leur en a fait. Mais Dieu est juste et miséricordieux pour le peuple. Tous les Egyptiens sont appelés à gérer toutes les places: que les plus sages, les plus instruits, les plus vertueux gouvernent, et le peuple sera heureux !

« Il y avait parmi vous de grandes villes, de grands canaux, un grand commerce : qui a tout détruit, si ce n'est l'avarice, les injustices et la tyrannie des Mamelouks?

« Cadis, Scheicks, Imans, Tchorbadjys, dites au peuple que nous sommes aussi de vrais Musulmans. N'est-ce pas nous qui avons détruit les chevaliers de Malte, parce que ces insensés croyaient que Dieu voulait qu'ils fissent la guerre aux Musulmans? N'est-ce pas nous qui avons été dans tous les temps les amis du Grand-Seigneur (*que Dieu accomplisse ses desseins !*) et l'ennemi de ses ennemis? Les Mamelouks, au contraire, ne se sont-ils pas révoltés contre l'autorité du Grand-Seigneur, qu'ils méconnaissent encore? Ils ne suivent que leurs caprices.

« Trois fois heureux ceux qui seront avec nous! Ils prospéreront dans leur fortune et leur rang. Heureux ceux qui seront neutres! ils auront le temps de nous connaître, et ils se rangeront avec nous.

« Mais malheur, trois fois malheur à ceux qui s'armeront pour les Mamelouks, et combattront contre nous : il n'y aura pas d'espérance pour eux ; ils périront ! »

Avant la bataille de Montébello, en Italie, le 9 juin 1800, Napoléon adressa à son armée cette proclamation :

« Soldats !

« Un de nos départemens était au pouvoir de l'ennemi ; la consternation était dans tout le midi de la France. La plus grande partie du territoire ligurien, le plus fidèle ami de la République, était envahie. La République cisalpine, anéantie dès la campagne passée, était devenue le jouet du grotesque régime féodal. Soldats! vous marchez, et déjà le territoire français est délivré ; la joie et l'espérance succèdent dans notre patrie à la consternation. Vous rendrez la liberté et l'indépendance au peuple de Gênes : il sera pour toujours délivré de ses plus cruels ennemis. Vous êtes dans la capitale de la Cisalpine ; l'ennemi épouvanté n'aspire plus qu'à regagner ses frontières ; vous lui avez enlevé ses hôpitaux, ses magasins, ses parcs de réserve : le premier acte de la campagne est terminé; des milliers d'hommes (*vous l'entendez tous les jours*) vous adressent des actes de reconnaissance.

« Mais aura-t-on donc impunément violé le territoire français? Laisserez-vous retourner dans ses foyers l'armée qui a porté l'alarme dans vos familles? Vous courrez aux armes! eh bien! marchons à sa rencontre, opposons-nous à sa retraite, arrachons-lui les lauriers dont elle s'est parée, et apprenons au monde que la malédiction du destin est sur les insensés qui osent insulter le territoire du grand peuple. Le résultat de nos efforts sera *gloire sans nuages, et paix solide.* »

Avant de passer le Rhin, à la première guerre d'Autriche, l'empereur Napoléon fit mettre à l'ordre de l'armée la proclamation suivante:

« Soldats!

« La guerre de la troisième coalition est commencée: l'armée autrichienne a passée l'Inn, violé ses traités, attaqué et chassé de sa capitale notre allié... Vous-mêmes vous avez dû accourir à marches forcées à la défense de nos frontières; mais déjà vous avez passé le Rhin... Nous ne nous arrêterons plus que nous n'ayons assuré l'indépendance du corps germanique, secouru nos alliés, et confondu l'orgueil de nos injustes agresseurs. Nous ne ferons plus de paix sans garantie; notre générosité ne trompera plus notre politique.

« Soldats! votre empereur est au milieu de vous; vous n'êtes que l'avant-garde du grand peuple; s'il est nécessaire, il se lèvera tout entier à ma voix pour confondre et dissoudre cette nouvelle ligue qu'ont tissue la haine et l'or de l'Angleterre.

« Mais, soldats! nous aurons des marches forcées à faire, des fatigues, des privations de toute espèce à endurer. Quelques obstacles qu'on nous oppose, nous les vaincrons, et nous ne prendrons de repos que nous n'ayons planté nos aigles sur le territoire de nos ennemis. »

Cette proclamation fut suivie de celle ci-après :

« Soldats bavarois !

« Je viens me mettre à la tête de mon armée pour délivrer votre patrie de la plus injuste agression.

« La maison d'Autriche vient détruire votre indépendance, et vous incorporer à ses vastes états. Vous serez fidèles à la mémoire de vos ancêtres, qui, quelquefois opprimés, ne furent jamais abattus, et conservèrent toujours cette indépendance, cette existence politique, qui sont les premiers biens des nations, comme la fidélité à la maison Palatine est le premier de vos devoirs.

« En bon allié de votre souverain, j'ai été touché des marques d'amour que vous lui avez données dans cette circonstance importante. Je connais votre bravoure ; je me flatte qu'après la première bataille je pourrai dire à votre prince et à mon peuple que vous êtes dignes de combattre dans les rangs de la grande-armée. »

——————

Après les brillans succès du combat de Nuremberg, qui eut lieu le 21 octobre 1805, Napoléon adressa la proclamation suivante à son armée :

« Soldats de la Grande-Armée !

« En quinze jours nous avons fait une campagne. Ce que nous nous proposions est rempli. Nous avons chassé les troupes de la maison d'Autriche, de la Bavière, et rétabli notre allié dans ses états. Cette armée qui, avec autant d'ostentation que

17*

d'imprudence, était venue se placer sur nos frontières, est anéantie. Mais qu'importe à l'Angleterre ? son but est rempli. Nous ne sommes plus à Boulogne, et son subside ne sera ni plus ni moins grand.

« De cent mille hommes qui composaient cette armée, soixante mille sont prisonniers. Ils iront remplacer nos conscrits dans les travaux de nos campagnes. Deux cents pièces de canon, tout le parc, quatre-vingt-dix drapeaux, tous les généraux sont en notre pouvoir ; il ne s'est pas échappé de cette armée quinze mille hommes. Soldats ! je vous avais annoncé une grande bataille ; mais, grâces aux mauvaises combinaisons de l'ennemi, j'ai pu obtenir les mêmes succès sans courir aucune chance ; et, ce qui est un grand exemple dans l'histoire des nations, un aussi grand résultat ne nous affaiblit pas de quinze cents hommes hors de combat.

« Soldats ! ce succès est dû à votre confiance sans bornes dans votre empereur, à votre patience à supporter les fatigues et les privations de toute espèce, à votre rare intrépidité.

« Mais nous ne nous arrêterons pas là : vous êtes impatiens de commencer une seconde campagne. Cette armée russe que

l'or de l'Angleterre a transportée des ex-
trémités de l'univers, nous allons lui faire
éprouver le même sort.

« A ce combat est attaché plus spécia-
lement l'honneur de l'infanterie ; c'est là
que va se décider, pour la seconde fois,
cette question qui l'a déjà été en Suisse
et en Hollande : l'infanterie française est-
elle la seconde ou la première de l'Europe?
Il n'y a point là de généraux contre lesquels j'ai de la gloire à acquérir ; tout
mon soin sera d'obtenir la victoire avec
le moins d'effusion de sang possible : mes
soldats sont mes enfans. »

Le 1.er décembre 1805, Napoléon le
soir visita à pied toute la ligne de son
armée, accompagné des maréchaux ; à
chaque instant il s'arrêtait pour parler aux
soldats, les écouter et rire avec eux.
« C'est votre fête, disait celui-ci, aujour-
d'hui l'illumination, demain le bouquet.
Bataille à sept heures, s'écriait celui-là,
à midi la victoire ! » Tous : « combattons
les Russes ; cette nuit même, menez-nous
à la gloire ! A la baïonnette ! » et mille
autres propos énergiques qui peignaient
la confiance, l'attachement et l'admiration qu'à cette glorieuse époque l'armée

avait pour son chef. Le 2 était l'anniversaire du couronnement de l'empereur Napoléon.

La tournée de Napoléon fut fort longue, il rentra à son bivouac à une heure du matin, et les airs retentirent encore longtemps après des cris de *vive l'Empereur! vive Napoléon! vive notre invincible général!* Emu d'une scène aussi touchante qu'imprévue, il s'écria en entrant dans sa baraque : « Voilà la plus belle soirée de ma vie; mais je pense avec peine que demain je perdrai bon nombre de ces braves gens. » A deux heures il monta à cheval, parcourut les avant-postes et se fit rendre compte par toutes les grand'gardes de ce qu'elles avaient pu découvrir du mouvement des Russes. Il apprit que des patrouilles ennemies s'étaient présentées pendant la nuit sur notre droite aux villages de Telnitz et de Sokolnitz, et que déjà de l'artillerie filait sur ce point. Certain dès-lors que le général russe n'avait pas changé de projet, et qu'il ne pouvait plus réparer ses fautes, il acheva de prendre ses dispositions pour l'action générale qui allait s'engager.

Le jour parut enfin, Napoléon passa devant les troupes. «Soldats, leur dit-il, il faut finir cette campagne par un coup de tonnerre qui écrase nos ennemis ; Ne vous attachez pas à tirer beaucoup de coups de fusil, mais plutôt à tirer juste. Ce soir, nous aurons vaincu ces peuplades du Nord qui osent se mesurer avec vous. » Au 28.ᵉ de ligne, qui se recrutait dans le département du Calvados, il dit : « J'espère que les Normands se distingueront aujourd'hui ? » Au 57.ᵉ : « Souvenez-vous qu'il y a long-temps que je vous ai surnommé *le terrible.* » Chaque régiment reçut un propos encourageant, et plus d'une fois il sentit son ardeur s'accroître en se le rappelant au milieu du danger.

Le soleil qui allait éclairer une journée si mémorable se leva radieux, et eut bientôt dissipé le brouillard. Des hauteurs de Schlapanitz on aperçut alors l'ennemi quittant imprudemment les belles hauteurs de Pratzen pour diriger toute sa gauche sur l'extrémité de notre droite, et descendre dans la plaine à travers un terrain coupé et difficultueux. On le laissa s'y engager fortement. Napoléon avait gardé auprès de lui les maréchaux qui attendaient leurs dernières instructions. « Combien vous faut-il de temps, demanda-t-il au maréchal Soult, pour couronner les hauteurs de Pratzen ? — Une heure , répondit le maréchal , car mes deux divisions de gauche , placées dans le fond de la vallée, ne peuvent être aperçues de l'ennemi et n'en éprouveront pas d'obstacle. — En ce cas , attendons encore un quart d'heure.» Quelques instans après arrive un officier, qui annonce que la gauche de l'ennemi paraît devant Telnitz , et que l'attaque va commencer sur la division Legrand. Napoléon donne ses derniers ordres ; les maréchaux partent au galop, et l'action s'engage aussitôt sur notre extrême droite.

Napoléon ayant pris ses dispositions pour la bataille d'Austerlitz , *dite* des trois Empereurs , le 2 décembre 1805 , mit à l'ordre du jour la proclamation suivante :

« Soldats !

« L'armée russe se présente devant vous pour venger l'armée autrichienne d'Ulm ; ce sont ces mêmes bataillons que vous avez battus à Hollabrunn , et que depuis vous avez constamment poursuivis jusqu'ici. Les positions que nous occupons sont formidables , et, pendant qu'ils marcheront pour tourner ma droite , ils me présenteront le flanc.

« Soldats ! je dirigerai moi-même tous

vos bataillons : je me tiendrai loin du feu, si, avec votre bravoure accoutumée, vous portez le désordre et la confusion dans les rangs ennemis; mais si la victoire était un moment incertaine, vous verriez votre empereur s'exposer aux premiers coups ; car la victoire ne saurait hésiter, dans cette journée surtout où il y va de l'honneur de l'infanterie française, qui importe tant à l'honneur de toute la nation.

« Que sous prétexte d'emmener les blessés, on ne dégarnisse pas les rangs, et que chacun soit bien pénétré de cette pensée, qu'il faut vaincre ces stipendiés de l'Angleterre, qui sont animés d'une si grande haine contre notre nation.

« Cette victoire finira notre campagne, et nous pourrons reprendre nos quartiers d'hiver, où nous serons joints par les nouvelles armées qui se forment en France, et alors la paix que je ferai sera digne de mon peuple, de vous et de moi. »

Immédiatement après la bataille d'Austerlitz, l'empereur Napoléon remercia l'armée par la proclamation suivante:

« Soldats,

« Je suis content de vous ; vous avez, à la journée d'Austerlitz, justifié tout ce que j'attendais de votre intrépidité. Vous avez décoré vos aigles d'une immortelle gloire. Une armée de cent mille hommes, commandée par les empereurs de Russie et d'Autriche, a été en moins de quatre heures ou coupée ou dispersée ; ce qui a échappé à votre fer s'est noyé dans les lacs.

« Quarante drapeaux, les étendards de la garde impériale de Russie, cent vingt pièces de canon (1), vingt généraux, plus de trente mille prisonniers sont le résultat de cette journée à jamais célèbre. Cette infanterie tant vantée et en nombre supérieur n'a pu résister à votre choc, et désormais vous n'avez plus de rivaux à redouter. Ainsi en deux mois cette troisième coalition a été vaincue et dissoute. La paix ne peut plus être éloignée ; mais comme je l'ai promis à mon peuple avant de passer le Rhin, je ne ferai qu'une paix qui nous donne des garanties et assure des récompenses à nos alliés.

« Soldats, lorsque le peuple français plaça sur ma tête la couronne impériale,

______

(1) Au moment de la publication de cette proclamation, Napoléon n'avait connaissance que de 120 pièces de canon et 40 drapeaux ; mais il apprit ensuite que l'ennemi avait réellement perdu 180 pièces d'artillerie et 45 drapeaux.

je me confiai à vous pour la maintenir toujours dans ce haut éclat de gloire qui seul pouvait lui donner du prix à mes yeux. Mais dans le même moment, nos ennemis pensaient à la détruire et à l'avilir; et cette couronne de fer, conquise par le sang de tant de Français, ils voulaient m'obliger à la placer sur la tête de nos plus cruels ennemis : projets téméraires et insensés, que, le jour même de l'anniversaire du couronnement de votre empereur, vous avez anéantis et confondus. Vous leur avez appris qu'il est plus facile de nous braver et de nous menacer que de nous vaincre.

« Soldats, lorsque tout ce qui est nécessaire pour assurer le bonheur et la prospérité de notre patrie sera accompli, je vous ramènerai en France. Là, vous serez l'objet de mes plus tendres sollicitudes. Mon peuple vous reverra avec joie, et il vous suffira de dire : *j'étais à la bataille d'Austerlitz,* pour que l'on réponde: *voilà un brave !* »

Après la paix conclue à Presbourg, le 26 décembre 1805, peu de jours après la pacification du Nord, Napoléon partit pour la France, où l'appelaient les affaires intérieures de l'empire, et son départ fut annoncé à l'armée par la proclamation suivante :

« Soldats !

« La paix *entre moi et l'empereur d'Autriche* est signée. Vous avez dans cette arrière-saison fait deux campagnes ; vous avez rempli tout ce que j'attendais de vous. Je vais partir pour me rendre dans ma capitale. J'ai accordé de l'avancement à ceux qui se sont le plus distingués : je vous tiendrai tout ce que je vous ai promis. Vous avez vu votre empereur partager avec vous vos périls et vos fatigues ; je veux aussi que vous veniez le voir entouré de la grandeur et de la splendeur qui appartiennent au souverain du premier peuple de l'univers. Je donnerai une grande fête aux premiers jours de mai à Paris, vous y serez tous ; *et après, nous irons où nous appelleront le bonheur de notre patrie et les intérêts de notre gloire.*

« Soldats ! pendant ces trois mois qui vous seront nécessaires pour retourner en France, soyez le modèle de toutes les armées : ce ne sont plus des preuves de courage et d'intrépidité que vous êtes ap-

pelés à donner, mais d'une sévère discipline. Que mes alliés n'aient pas à se
plaindre de votre passage ; et en arrivant
sur ce territoire sacré, comportez - vous
comme des enfans au milieu de leur famille ; mon peuple se comportera avec
vous comme il le doit envers ses héros
et ses défenseurs.

« Soldats ! l'idée que je vous verrai tous
avant six mois autour de mon palais,
sourit à mon cœur, et j'éprouve d'avance
les plus tendres émotions ; nous célébre-
rons la mémoire de ceux qui, dans ces
deux campagnes, sont morts au champ
d'honneur ; et le monde nous verra tous
prêts à imiter leur exemple, et à faire
encore plus que nous n'avons fait, s'il le
faut, *contre ceux qui voudraient attaquer notre honneur, ou qui se laisseraient
séduire par l'or corrupteur des éternels
ennemis du continent.* »

Après la défaite de l'armée prussienne
et la prise de la ville de Berlin, le séjour
de l'empereur Napoléon dans cette capitale de la Prusse fut marqué par la proclamation suivante :

« Soldats !

« Vous avez justifié mon attente et répondu dignement à la confiance du peuple français. Vous avez supporté les privations et les fatigues avec autant de courage que vous avez montré d'intrépidité et de sang-froid au milieu des combats. Vous êtes les dignes défenseurs de l'honneur et de ma couronne, et de la gloire du grand peuple. Tant que vous serez animés de cet esprit, rien ne pourra vous résister. La cavalerie a rivalisé avec l'infanterie et l'artillerie : je ne sais désormais à quelle arme je dois donner la préférence... Vous êtes tous de bons soldats. Voici les résultats de nos travaux :

« Une des premières puissances militaires de l'Europe, qui osa naguère nous proposer une honteuse capitulation, est anéantie. Les forêts, les défilés de la Franconie, la Saale, l'Elbe, que nos pères n'eussent pas traversés en sept ans, nous les avons traversés en sept jours, et livré, dans l'intervalle, quatre combats et une grande bataille. Nous avons précédé à Postdam, à Berlin, la renommée de nos victoires. Nous avons fait soixante mille prisonniers, pris cinquante-cinq drapeaux, parmi lesquels sont ceux des gardes du roi de Prusse, six cents pièces de canon, trois forteresses, plus de vingt généraux.

Cependant, près de la moitié de vous re-
grettent de n'avoir pas encore tiré un coup
de fusil. Toutes les provinces de la mo-
narchie prussienne jusqu'à l'Oder sont en
notre pouvoir.

« Soldats ! les Russes se vantent de venir
à nous; nous marcherons à leur rencontre,
nous leur épargnerons la moitié du chemin : ils retrouveront Austerlitz au milieu
de la Prusse. Une nation qui a aussitôt
oublié la générosité dont nous avons usé
envers elle après cette bataille, où son
empereur, sa cour, les débris de son armée,
n'ont dû leur salut qu'à la capitulation
que nous leur avons accordée, est une
nation qui ne saurait lutter avec succès
contre nous.

« Cependant, tandis que nous marchons
au-devant des Russes, de nouvelles levées
formées dans l'intérieur de l'empire
viennent prendre notre place pour garder
nos conquêtes. Mon peuple tout entier
s'est levé, indigné de la honteuse capitulation que les ministres prussiens, dans
leur délire, nous ont proposée. Nos routes
et nos villes frontières sont remplies de
conscrits qui brûlent de marcher sur nos
traces. Nous ne serons plus désormais les
jouets d'une paix traîtresse, et *nous ne*

18*

poserons plus les armes que nous n'ayons obligé les Anglais, ces éternels ennemis de notre nation, à renoncer au projet de troubler le continent, et à la tyrannie des mers.

« Soldats ! je ne puis mieux vous exprimer les sentimens que j'ai pour vous, qu'en vous disant que je vous porte dans mon cœur l'amour que vous me montrez tous les jours. »

Cette proclamation, publiée dans tout l'empire, fut lue, par le maréchal Brune, au premier corps d'armée de réserve qu'il commandait à Boulogne ; et voici l'ordre qui l'accompagna :

« Soldats !

« Vous lirez quinze jours de suite dans vos chambrées la proclamation sublime de sa majesté l'Empereur et Roi, à sa grande-armée.

« Vous l'apprendrez par cœur ; chacun de vous attendri répandra les larmes du courage, et sera pénétré de cet enthousiasme irrésistible qu'inspire l'héroïsme. Souvenez-vous toujours de ces mots sacrés de Sa Majesté :

« *Soldats ! je ne puis mieux vous exprimer, etc....,*

Signé le maréchal BRUNE.

L'empereur Napoléon quitta Berlin le 25 novembre 1806, et, le 27, fit son entrée dans Posen, où se trouvait déjà le gros de l'armée française. Il passa la revue des différens corps, et, le 2 décembre suivant, fit mettre à l'ordre du jour la proclamation ci-après :

« Soldats !

« Il y a aujourd'hui un an, à cette même heure, que vous étiez sur le champ mémorable d'Austerlitz. Les bataillons russes épouvantés fuyaient en déroute, ou, enveloppés, rendaient les armes à leurs vainqueurs. Le lendemain ils firent entendre des paroles de paix ; mais elles étaient trompeuses. A peine échappés, par l'effet d'une générosité peut-être condamnable, aux désastres de la troisième coalition, ils en ont ourdi une quatrième. Mais l'allié sur la tactique duquel ils fondaient leur principale espérance, n'est déjà plus. Ses places fortes, ses capitales, ses magasins, ses arsenaux, deux cent quatre-vingts drapeaux, sept cents pièces de bataille, cinq grandes places de guerre, sont en notre pouvoir. L'Oder, la Warta, les déserts de la Pologne, les mauvais temps de la saison n'ont pu vous arrêter un

moment. Vous avez tout bravé, tout sur-
monté; tout a fui à votre approche.

« C'est en vain que les Russes ont voulu
défendre la capitale de cette ancienne et
illustre Pologne : l'aigle française plane
sur la Vistule. Le brave et infortuné
Polonais, en vous revoyant, croit revoir
les légions de Sobieski de retour de leur
mémorable expédition.

« Soldats ! nous ne déposerons point les
armes, que la paix générale n'ait assuré et
affermi la puissance de nos alliés, n'ait
restitué à notre commerce sa liberté et ses
colonies. Nous avons conquis sur l'Elbe
et l'Oder Pondichéry, nos établissemens
des Indes, le cap de Bonne-Espérance et
les colonies espagnoles. Qui donnerait le
droit de faire espérer aux Russes de ba-
lancer les destins ? Qui leur donnerait le
droit de renverser de si justes desseins ?
*Eux et nous ne sommes-nous pas les sol-
dats d'Austerlitz ?* »

Cette proclamation fut immédiatement
suivie d'un décret qui mérite une éternelle
admiration.

« Art. 1.er Il sera établi sur l'emplace-
ment de la Madelaine de notre bonne
ville de Paris, aux frais du trésor de notre
couronne, un monument dédié à la grande-

armée, portant sur le frontispice : l'Empereur Napoléon aux soldats de la grande-
armée.

Art. 2. Dans l'intérieur du monument
seront inscrits, sur des tables de marbre,
les noms de tous les hommes, par corps
d'armée et par régimens, qui ont assisté
aux batailles d'Ulm, d'Austerlitz et d'Iéna;
et, sur des tables d'or massif, les noms
de tous ceux qui sont morts sur le champ
de bataille. Sur des tables d'argent sera
gravée la récapitulation, par départemens,
des soldats que chaque département a four-
nis à la grande-armée.

« Art. 3. Autour de la salle seront
sculptés des bas-reliefs où seront repré-
sentés les colonels de chacun des régimens
de la grande-armée, avec leurs noms ;
ces bas-reliefs seront faits de manière que
les colonels soient groupés autour de leurs
généraux de division et de brigade, par
corps d'armée. Les statues en marbre des
maréchaux qui ont commandé des corps,
ou qui ont fait partie de la grande-armée,
seront placées dans l'intérieur de la salle.

« Art. 4. Les armures, statues, monu-
mens de toute espèce, enlevés par la
grande-armée dans ces deux campagnes,
les drapeaux, étendards et timbales con-

quis par la grande-armée, avec les noms des régimens ennemis auxquels ils appartenaient, seront déposés dans l'intérieur du monument.

« Art. 5. Tous les ans, aux anniversaires des batailles d'Austerlitz et d'Iéna, le monument sera illuminé, et il sera donné un concert précédé d'un discours sur les vertus nécessaires au soldat, et d'un éloge de ceux qui périrent sur le champ de bataille dans ces deux journées mémorables.

« Un mois avant, un concours sera ouvert pour recevoir la meilleure pièce de musique analogue aux circonstances.

« Une médaille d'or de cent cinquante doubles napoléons sera donnée aux auteurs de chacune de ces pièces qui auront remporté le prix.

« Dans les discours et odes, il est expressément défendu de parler de l'Empereur.... »

Après la sanglante bataille d'Eylau, Napoléon quitta cette scène de carnage pour faire à l'armée la proclamation suivante :

« Soldats !

« Nous commencions à prendre un peu

de repos dans nos quartiers d'hiver, lorsque l'ennemi a attaqué le premier corps,
et s'est présenté sur la basse Vistule. Nous
avons marché à lui, et nous l'avons pour-
suivi, l'épée dans les reins, l'espace de
quatre-vingts lieues. Il s'est réfugié sous les
remparts de ses places, et a repassé la
Prégel. Nous avons enlevé aux combats de
Bergfried, de Deppen, de Hoff, à la
bataille d'Eylau, soixante-cinq pièces de
canon, seize drapeaux, et tué, blessé et
pris plus de quarante mille hommes. Les
braves qui, de notre côté, sont restés sur
le champ de bataille, sont morts d'une
mort glorieuse : c'est la mort des vrais
soldats ! Leurs familles auront des droits
constans à notre sollicitude, à nos bienfaits. Ainsi, ayant déjoué tous les projets
de l'ennemi, nous allons nous rapprocher
de la Vistule et rentrer dans nos cantonnemens. Qui osera en troubler le repos
s'en repentira ; car au-delà de la Vistule
comme au-delà du Danube, au milieu des
frimas de l'hiver comme au commencement de l'automne, nous serons toujours
les soldats français, et les soldats de la
grande-armée. »

Un armistice entre les deux armées fut

signé à Tilsitt le 21 juin 1807, pour servir d'acheminement à la paix. Le lendemain, l'empereur Napoléon fit mettre à l'ordre la proclamation suivante :

« Soldats !

« Le 5 juin, nous avons été attaqués dans nos cantonnemens par l'armée russe. L'ennemi s'est mépris sur les causes de notre inactivité. Il s'est aperçu trop tard que notre repos était celui du lion : il se repent de l'avoir troublé.

« Dans les journées de Guttstadt, de Heilsberg, dans celle à jamais mémorable de Friedland, dans dix jours de campagne enfin, nous avons pris cent vingt pièces de canon, sept drapeaux; tué, blessé ou fait prisonniers soixante mille Russes; enlevé à l'armée ennemie tous ses magasins, ses hôpitaux, ses ambulances; la place de Kœnigsberg, les trois cents bâtimens qui étaient dans ce port chargés de toute espèce de munitions; cent soixante mille fusils que l'Angleterre envoyait pour armer nos ennemis.

« Des bords de la Vistule nous sommes arrivés sur ceux du Niémen avec la rapidité de l'aigle. Vous célébrâtes dans Austerlitz l'anniversaire du couronnement;

vous avez cette année dignement célébré celui de la bataille de Marengo, qui mit fin à la guerre de la seconde coalition.

« Français! vous avez été dignes de vous et de moi. Vous rentrerez en France couverts de tous vos lauriers, et après avoir obtenu une paix glorieuse qui porte avec elle la garantie de sa durée. Il est temps que notre patrie vive en repos à l'abri de la maligne influence de l'Angleterre. Mes bienfaits vous prouveront ma reconnaissance et toute l'étendue de l'amour que je vous porte. »

——————

Après la déclaration de guerre de l'Autriche contre la France, le 9 avril 1809, Napoléon partit de Paris le 13, et arriva le 17 avril à Donawerth sur le Danube. Sachant que l'armée, forcée depuis quelques jours à un mouvement rétrograde, paraissait inquiète de sa force numérique, il lui adressa une de ces proclamations qui, pendant long-temps, furent des oracles infaillibles, et destinée à remonter le moral des soldats au ton de la victoire. Elle était ainsi conçue :

« Soldats !

« Le territoire de la Confédération du

Rhin a été violé. Le général autrichien veut que nous fuyions à l'aspect de ses armes, et que nous lui abandonnions nos alliés. J'arrive avec la rapidité de l'éclair. Soldats! j'étais entouré de vous lorsque le souverain d'Autriche vint à mon bivouac de Moravie; vous l'avez entendu implorer ma clémence, et me jurer une amitié éternelle. Vainqueurs dans trois guerres, l'Autriche a dû tout à votre générosité; trois fois elle a été parjure!!! Nos succès passés nous sont un sûr garant de la victoire qui nous attend. Marchons donc, et qu'à notre aspect l'ennemi reconnaisse son vainqueur.

L'armée d'Italie, après plusieurs victoires remportées sur les Autrichiens, se réunit à la grande-armée occupant déjà Vienne; sur le sommet de Sommering, le 26 mai 1809, Napoléon lui adressa la proclamation suivante :

« Soldats de l'armée d'Italie!

« Vous avez glorieusement atteint le but que j'avais marqué; le Sommering a été témoin de votre jonction avec la grande-armée. Soyez les bien-venus; je suis content de vous! Surpris par un ennemi perfide, avant que vos colonnes fussent réunies, vous avez dû rétrograder jusqu'à l'Adige. Mais lorsque vous reçutes l'ordre de marcher en avant, vous étiez sur le champ mémorable d'Arcole, et là, vous jurâtes sur les mânes de nos héros de triompher. Vous avez tenu parole, à la bataille de la Piave, aux combats de Saint-Daniel, de Tarvis; vous avez pris d'assaut le fort Malborghetto, et fait capituler la division ennemie retranchée dans Laybach. Vous n'aviez pas encore passé la Drave, et déjà vingt – cinq mille prisonniers, soixante pièces d'artillerie, dix drapeaux avaient signalé votre valeur. Depuis, la Drave, la Save, la Mur n'ont pu retarder votre marche. La colonne autrichienne de Jellachich, qui la première entra dans Munich, qui donna le signal des massacres dans le Tyrol, environnée à Saint-Michel, est tombée dans vos baïonnettes. Vous avez fait une prompte justice de ces débris dérobés à la colère de la grande-armée.

« Soldats ! cette armée autrichienne d'Italie, qui un moment souilla par sa présence nos provinces, qui avait la prétention de briser ma couronne de fer, battue, dispersée, anéantie, grâce à vous, sera un exemple de la vérité de cette devise : « *Dio la mi diede, quaï a chi la tocca.* »

———

Napoléon quitta Gumbinem, le 20 juin, et rapprocha son armée des bords du Niémen. Le quartier-général impérial fut établi à Wilkowiszki. Une proclamation datée de cette ville, du 22 juin 1812, annonça l'ouverture de la campagne. Cette proclamation était ainsi conçue :

« Soldats,

« La seconde guerre de Pologne est commencée : la première s'est terminée à Friedland et à Tilsitt. A Tilsitt, la Russie a juré éternelle alliance à la France et guerre à l'Angleterre. Elle viole aujourd'hui ses sermens ; elle ne veut donner aucune explication de son étrange conduite, que les aigles françaises n'aient repassé le Rhin, laissant par là nos alliés à sa discrétion.

« La Russie est entraînée par la fatalité ! ses destinées doivent s'accomplir. Nous croit-elle donc dégénérés? Ne serions-nous donc plus les soldats d'Austerlitz? Elle nous place entre le déshonneur et la guerre, le choix ne sera pas douteux. Marchons donc en avant ! passons le Niémen, portons la guerre sur son territoire; la seconde guerre de Pologne sera glorieuse aux armées françaises, comme la première; mais la paix que nous concluerons, portera avec elle sa garantie, et mettra un terme à la funeste influence que la Russie a exercée depuis cinquante ans sur les affaires de l'Europe. »

Le 23 juin, l'armée française, forte de trois cent cinquante-cinq mille hommes d'infanterie, de cinquante-neuf mille cinq cents de cavalerie, et de près de douze cents pièces de canon, était en position, et prête à passer le Niémen. A ces forces on pouvait ajouter le neuvième corps commandé par le duc de Bellune, et qui occupait le pays situé entre l'Elbe et l'Oder, et la division Daendels qui était à Dantzick.

Le 7 septembre, à trois heures du matin, Napoléon était à la position prise l'avant-veille : les maréchaux commandant les différens corps vinrent l'y trouver, et recevoir ses derniers ordres. A cinq heures et demie le soleil se leva sans nuages ; la veille il avait plu : *c'est le soleil d'Austerlitz*, dit l'Empereur ; l'armée française accepta l'augure. On battit un ban, et on lut l'ordre du jour suivant :

« Soldats,

« Voilà la bataille que vous avez tant

désirée! Désormais la victoire dépend de vous; elle nous est nécessaire, elle nous donnera l'abondance, de bons quartiers d'hiver, et un prompt retour dans la patrie! Conduisez - vous comme à Austerlitz, à Friedland, à Witepsk, à Smolensk, et que la postérité la plus reculée cite avec orgueil votre conduite dans cette journée; que l'on dise de vous: *il était à cette grande bataille sous les murs de Moscou.*»

Chaque soldat demeura pénétré des grandes vérités que renfermait ce langage énergique, et y répondit par le cri de *vive l'Empereur !* toujours prononcé, comme on sait, au moment du combat, comme après la victoire.

FIN DE LA TROISIÈME ET DERNIÈRE PARTIE.

CATALOGUE

DE LA LIBRAIRIE MILITAIRE

DE VERRONNAIS.

Registre de présence, de 150 feuillets écu, 8 fr.
 Idem   de 100 feuillets.... 6 fr.
Registre d'Inscription des Hommes qui suivent les
 Écoles, divisé par classes d'écriture, de lecture,
 d'arithmétique; petit-raisin, de 200 pages, 8 f.
Registre des Recettes et Dépenses de l'École ;
 papier écu, de 200 pages.......... 6 fr.
Crayons d'ardoise, le cent........... 2 fr.
Plumes de toutes qualités, depuis 1 fr. le cent
 jusqu'à 16 francs.
Papier de toutes qualités, Encre, Crayons, Cire,
 Sandaraque, etc.
Arithmétique à l'usage de MM. les Sous-Officiers
 et Comptables de l'Armée; ouvrage propre à
 l'instruction des Écoles régimentaires; un vol.
 in-12 de 120 pages, cartonné........ 1 fr.
Abécédaire à l'usage des Écoles régimentaires ,
 contenant des Anecdotes et Traits de bravoure;
 une Table comparative des anciens poids et
 mesures de longueur avec les nouveaux ; le
 Tableau de multiplication; les Chiffres arabes
 et romains, et un petit Traité d'arithmétique;
 une brochure in-12 de 60 pages, le cent, 30 f.

Abrégé d'Arithmétique décimale, à l'usage des Écoles régimentaires, approuvé par le Jury d'Instruction; suivi de l'explication du système métrique, et d'une Table de comparaison entre les anciennes et les nouvelles mesures ; un volume in-18 ; le cent............ 30 fr.

Elémens de la Grammaire française, adoptés par le Gouvernement pour l'usage des Collèges et des Écoles, par *Lhomond;* 11.ᵉ édition, augmentée d'une Table de mots qui, quoiqu'ayant la même prononciation, diffèrent par la signification et l'orthographe, et d'un petit Traité d'arithmétique ; un volume in-12 de 96 pages, cartonné , le cent.................. 60 fr.

Encrier en liège. .... 30 c.

Porte-crayon en cuivre, la douzaine, 1 fr. 80 c.

Méthode pour apprendre à lire, écrire et l'orthographe en très-peu de temps ; in-16 de 64 pages , le cent................... 20 fr.

Tableaux d'*idem*, n.ᵒˢ 1 à 10, le cent... 7 fr.

Collection de 125 Tableaux de lecture ; la collection......................... 9 fr.

Collection de 72 Tableaux d'arithmétique ; la collection........................ 11 fr.

Nouvelle collection de 25 Tableaux de lecture, *à l'usage des Écoles régimentaires, contenant le Syllabaire, des Phrases à épeler, des Leçons de lecture, tirées des Victoires et Conquêtes des Armées françaises; des Pensées et Maximes. On peut être assuré que les Militaires apprendront à lire plus vite, avec ces Tableaux , qu'avec ceux en usage jusqu'à présent dans les Écoles*.......... 2 fr. 50 c.

Ardoises en carton, *en usage aux Cours indus-triels de la ville de Metz, de 7 pouces 1/2 de haut, sur 6 de large;* le cent........ 25 fr.

—— *de 6 pouces 2 lignes, sur 3 pouces 8 lignes de large;* le cent.......... 15 fr.

Ces Ardoises, en usage aux Cours industriels de Metz, sont moins lourdes à transporter, et ne cassent pas en tombant.

Ardoises véritables, *de 5 pouces sur 7;* le c. 25 f.

 Idem, *de 5 pouces sur 9;* ... 50

 Idem, *de 5 pouces sur 11;* .. 55

Gloire et Industrie françaises ; 1791 — 1823. Deux Victoires par jour, Almanach du Peuple et de l'Armée; un vol. in-16 de 224 p., 40 c.

——————

Modèle E, art. 92. Livret de l'Officier de section, de 54 feuillets in-12 écu-couronne, relié dos et coins en parchemin vert, poche, 2 feuillets vraie peau d'âne, fermé par un crayon.............. 1 f. 50 c.

Idem, relié en basane, avec rebras, comme porte-feuille...................... 2 f.

Livret pour les Sergens, de 44 feuillets, cartonné, 2 feuillets vraie peau d'âne, fermé par un crayon, poche................... 90 c.

Idem, dos et coins en parchemin vert, relié comme celui de l'Officier...... 1 fr. 20 c.

Livret de l'Officier de Peloton (Cavalerie), de 54 feuillets, in-12 écu-couronne, relié dos et coins en parchemin vert ou autre couleur, 2 feuillets vraie peau d'âne, fermé par un crayon, poche .... 1 fr. 50 c.

Idem, relié en basane, avec rebras, comme porte-feuille...................... 2 fr.

Livret de Maréchal-des-Logis, cartonné, 2 feuillets vraie peau d'âne, crayon et poche, 1 fr. 25 c.

Idem, relié en basane, comme celui d'Officier........................... 1 fr. 50 c.

Livret d'ordinaire, pour un trimestre, cartonné........................... 65 c.

Le même, lithographié, cartonné...... 90 c.

Cahier de quittances des Bouchers, Boulangers et Épiciers, in-4.° missel, pour un trimestre, couvert en papier................... 25 c.

Idem, couvert en petit carton......... 30 c.

Idem, pour une année................ 80 c.

Idem, couvert en petit carton......... 90 c.

POUR L'ARTILLERIE.

Cours sur le Tracé et la Construction des Batteries de toute espèce, extrait de l'ouvrage publié par le Comité d'artillerie ; un volume in-32, avec Tableaux et 12 Planches lithographiées avec soin............. 2 fr. 75 c.

Le même, in-12, avec 12 planches lithographiées........................ 3 fr. 50 c.

Ordonnance du Roi, du 29 Mai 1835, sur l'Instruction et le Service des Troupes du Corps royal de l'Artillerie dans les Écoles ; suivie du Réglement approuvé par le Roi, le 29 Mai 1835, pour l'exécution de l'Ordonnance du même jour sur le Service et l'Instruction du Corps royal de l'Artillerie dans les Écoles, prescrit par l'article 75 de ladite Ordonnance ; précédée de la Circulaire ministérielle du 20 Juin 1835; un vol. in-18, avec les Tableaux..... 1 fr. 75 c.

Extrait du Réglement sur le Service et les Manœuvres des Pontonniers, renfermant les parties
de ce Réglement qui doivent être enseignées
à tous les Corps d'Artillerie, d'après l'édition sortant de l'Imprimerie royale; un volume
in-32 broché, avec planches... 1 fr. 25 c.

Aide – Mémoire portatif à l'usage des Officiers
d'Artillerie, cartonné, 2 feuillets peau d'âne,
fermé par un crayon............... 6 fr.

Idem broché.................... 5 fr. 50 c.

Manuel de l'Artillerie, comprenant l'Instruction
relative au nouveau matériel de siège et de
campagne, les Manœuvres de force qu'il né-
cessite, plusieurs Tables, l'Instruction sur la
manière de harnacher, seller et paqueter les
chevaux des Canonniers-Conducteurs, etc.,
par *Doisy*, chef d'escadron; 1 vol. in-12, 2 f.

Instruction provisoire sur le Service des Bouches
à feu, du 25 Mai 1830, et les Manœuvres
de Batteries, du 11 Mai 1830; 1 vol. in-32,
avec la gravure des sonneries....... 1 fr.

Pyrotechnie militaire, ou Traité complet des
Feux de guerre et des Bouches à feu, avec
planches ; par *C.-P. Ruggieri*, un volume
in-8.º.................... 6 fr. 50 c.

Instruction sur la Conduite des Voitures, à l'usage
du 9.ᵉ Régiment d'Artillerie ; in-32... 30 c.

Système d'Artillerie de campagne du lieutenant-
général *Allix*, comparé avec les systèmes du
Comité d'Artillerie de France, de *Gribeau-
val*, et de l'an 11; par *J.-A.-F. Allix*; un
volume in-8.................... 5 fr.

Projet de Réglement sur l'Instruction à pied et à cheval dans les Régimens d'Artillerie; 2 vol. in-32, brochés . . . . 2 fr. 50 c.

Idem, 2 vol. in-32, cartonnés 3   »

Idem, tome 1.er, Instruction à pied, 1   25

Instruction provisoire sur le Service des Bouches à feu de siège, de place et de côte, du 1.er Mars 1851; 1 vol. in-32 . . . . 1 fr.

Traité d'Artifice de guerre, tant pour l'attaque et la défense des places, que pour le Service de campagne, par M. *Bigot;* un volume in-8.° . . . . 3 fr.

Aide-Mémoire à l'usage des Officiers d'Artillerie de France attachés au service de terre; 5.e édition, revue et augmentée; 2 volumes in-8.° reliés . . . . 24 fr.

Manuel du Service régimentaire de l'Artillerie en garnison; par *P. Tortel,* chef d'escadron d'Artillerie; 1 vol. in-12 . . . . 4 fr.

Réponse aux Observations critiques sur l'Organisation nouvelle de l'Artillerie, du général Duchand, commandant l'Ecole régimentaire de Metz; par M. *De Sainte-Marie,* chef d'escadron d'Artillerie; in-8.° . . . 1 fr. 25 c.

POUR LA CAVALERIE.

Ordonnance sur l'Exercice et les Évolutions de la Cavalerie, du 6 Décembre 1829; 3 vol. in-18 brochés, ayant chacun ses planches, 7 f.

Idem, reliée en basane propre 9

Extrait de ladite Ordonnance, pour les Sous-

Officiers et Brigadiers , avec 75 planches ;
2 volumes in-18, brochés...... 2 fr. 50 c.

Idem, 1 vol. in-18, broché; sans planches, 1 f.

Même Extrait pour les Brigadiers, avec planches;
1 volume in-18 , broché....... 1 fr. 75 c.

Idem, sans planches , broché .... 75 c.

Ces deux Extraits, reliés en basane, 50 cent.
de plus par volume.

Cours théorique et pratique d'Hippiatrique , à
l'usage de MM. les Officiers des Troupes à
cheval, par *F. Vogeli*, de Lyon, vétérinaire ;
rédigé d'après le programme ministériel envoyé à tous les corps , et divisé en trois
parties : Ire PARTIE : Anatomie et Physiologie
appliquées à l'Équitation , 1 volume in–32
avec planches; IIe PARTIE: Examen du Cheval,
Haras, Jurisprudence vétérinaire militaire,
un vol. in–32 , avec planches; IIIe PARTIE :
Hygiène; 3 volumes in–32 , cartonnés, réunis
dans un étui..................... 5 fr.

Cours d'équitation militaire, à l'usage des Troupes
à cheval, approuvé par S. Exc. le Ministre
de la guerre; 2 volumes in-8.º avec planches
gravées..................... 15 fr.

Manuel du Cavalier, extrait des Lois, Ordonnances, Réglemens et Instructions sur le Service militaire ; à l'usage de l'École royale de
Cavalerie ; 2.e partie, abrégé du Cours d'é-
quitation militaire ; un vol. in-18 , avec huit
planches, cartonné............ 2 fr. 50 c.

POUR L'INFANTERIE.

ÉDITIONS DU FORMAT IN-32, DITES EN MINIATURE.

Ordonnance du Roi sur l'Exercice et les Manœuvres de l'Infanterie, du 4 Mars 1831; 3 vol. in-32, cartonnés, beau caractère; et planches, étui.......................... 5 fr.

Idem, 3 vol. in-32, reliés en basane, étui, 6 fr.

Ordonnance du Roi sur l'Exercice et les Manœuvres de l'Infanterie, du 4 Mars 1831, précédée de l'Instruction pour les Marches militaires (*les éditions de Paris ne contiennent pas cette Instruction*), contenant les Ecoles du Soldat, de Peloton, de Bataillon, et les Évolutions de ligne; 1 v. broché, sans planches, 2 f. 50 c.

Idem, reliée en basane propre, tranches tricolores.......................... 3 fr. 50 c.

Ordonnance du Roi sur le Service des Armées en Campagne, du 3 Mai 1831; un volume broché, avec trois planches.......... 1 fr.

Extrait de ladite Ordonnance, à l'usage des Sous-Officiers, Caporaux et Brigadiers; 1 vol. 30 c.

Ordonnance du Roi portant Réglement sur le Traitement et les Revues de l'Armée de terre, et sur l'Administration intérieure des Troupes à pied, du 19 Mars 1823...... 1 fr. 25 c.

Réglement sur le Service du Casernement des Troupes, du 17 Août 1824......... 1 fr.

Ordonnance du 2 Novembre 1833, pour l'Infanterie ou la Cavalerie; un volume in-32, imprimé en caractères neufs, broché, avec les modèles; le cent.................. 100 fr.

Idem, un vol. in-32 cartonné; le cent.. 125 fr.

Idem, relié en basane propre; le cent, 150 fr.

(229)

Extrait de ladite Ordonnance, pour les Sous-
Officiers, Caporaux ou Brigadiers (Infanterie
ou Cavalerie); 1 vol. in-32, broché; le c. 30 f.

Idem, cartonné ; le cent.............. 45 f.

Modifications aux Ordonnances du 2 Novembre
1833, sur le Service intérieur des Troupes
d'Infanterie et de Cavalerie ; in-32.... 15 c.

Ordonnance du Roi sur l'Exercice et les Manœuvres de l'Infanterie, du 4 Mars 1831 ; 3
volumes in-18 brochés, beau caractère et
planches............................ 6 fr.

Idem, reliée en basane............... 8 fr.

Idem, Écoles du Soldat et de Peloton, pour les
Sous-Officiers et Caporaux, contenant l'Instruction pour les Tirailleurs (*ce qui n'existe
pas dans les éditions de Paris*); un volume
in-18 broché, avec planches .... 1 fr.

Idem, sans planches................. 60 c.

Nouveau Guide de l'Officier d'Infanterie en campagne, divisé en deux parties : 1.re partie,
contenant: 1.° un Extrait de l'Ordonnance du
Roi sur le Service des Armées en campagne,
du 3 Mai 1831 ; 2.° la Castramétation, les
Tentes (ancien et nouveau modèles) et leurs
dimensions, le Calcul du front d'un bataillon,
de la Profondeur du camp, les Fournitures à
faire pour le Campement des Troupes, le Cor-
deau de perpendiculaire et la manière de s'en
servir, le nombre de Tentes accordées par
grade, la Méthode pour tendre le camp, le

(230)

Campement en baraques ; 3.º les Bivouacs ;
II.ᵉ partie, Chapitre I.ᵉʳ, des Détachemens ;
Chapitre II, des Fourrages au vert; Chapitre III, des Convois par terre et par eau ;
Règles à observer par l'Infanterie en présence
de la Cavalerie ; Éloquence et Maximes militaires ; suivi de la Fortification passagère de
Campagne, extrait de l'Instruction adressée
aux Officiers d'Infanterie pour tracer et construire toutes sortes d'ouvrages de campagne,
par MM. *Gaudi* et *A.-P.-J. Bélair*, Chef de
brigade, divisée en deux parties ; de la Fortification des Cimetières, des Églises, des
Châteaux, des Maisons ; de Problèmes de
géométrie pratique; de la manière de calculer
une distance quand un des points est inaccessible, de mesurer la largeur d'une rivière
sans passer de l'autre côté, de déterminer la
longueur d'une ligne inaccessible et de mener
une parallèle à cette ligne, de déterminer la
hauteur d'un édifice; accompagné d'une Table
très-détaillée, avec 15 planches renfermant
53 figures ; par *Paban*, Chef de bataillon au
58.ᵉ Régiment; 2.ᵉ édition...... 2 f. 50 c.

Livret de Commandemens, ou Tableaux synop-
tiques de l'Ordonnance de l'Infanterie, du
4 Mars 1851, renfermant tous les Mouvemens indiqués dans cette Ordonnance; un vol.
in–8.º............................. 5 fr.

Tarif des Prix des Réparations des Armes por-
tatives à payer par les Soldats sur leur Masse
de Linge et Chaussure, du 28 Juin 1834 ;
in–8.º de 16 pages................ 40 c.

Dictionnaire portatif et raisonné des Connais-
sances militaires, ou premières Notions sur
l'Organisation, l'Administration, la Comptabilité, le Service, la Discipline, l'Instruction et le Régime intérieur des Troupes françaises ; à l'usage des jeunes gens qui se
destinent à la profession des Armes ; par le
général *Le Couturier;* 1 vol. in-8.°.... 6 fr.

AFFICHES POUR LES CHAMBRÉES.

Marques extérieures de respect (*Infanterie*);
le cent....................... 6 fr.
Devoir des Caporaux de chambrée, d'ordinaire
et de semaine, art. 156 à 178; le cent, 12 f.
Consigne générale pour la Garde de Police, contenant les devoirs du Sergent, du Caporal,
du Tambour et de la Sentinelle, art. 204 à
221; le cent................. 12 fr.
Marques extérieures de respect (*Cavalerie*); le
cent. .... 6 fr.
Consigne générale pour la Garde de Police, con-
tenant les devoirs du Maréchal-des-Logis, des
Brigadiers de garde et de la Sentinelle (*Cava-
lerie*), art. 256 à 282 ; le cent..... 12 f.
Devoirs des Brigadiers, art. 205 à 234; le c. 12 f.
Consigne des Gardes d'Écurie, art. 283 à 291;
le cent.......................... 6 f.
Nomenclature des Délits militaires. — Extrait du
Code pénal, en français; le cent.... 12 fr.
Idem, imprimée en caractères allemands; le
cent .... 15 fr.
Instruction sur l'Entretien des Armes dans les
Corps, feuille raisin ; le cent...... 12 fr.

Supplément à l'Instruction sur l'Entretien des Armes, extrait de l'Instruction laissée aux Régimens par MM. les Capitaines d'Artillerie chargés de l'Inspection des Armes; le c., 7 fr.

Extrait des Lois militaires, du 12 Mai 1793 et 21 brumaire an V, 11 Novembre 1796, contenant : la Désertion à l'ennemi ; de l'Embauchage et de l'Espionnage, de la Désertion à l'intérieur, de la Trahison, du Vol, du Pillage, de la Dévastation et de l'Incendie, de la Maraude, de l'Insubordination, de l'Exécution des jugemens à mort; feuille grand-raisin; le c. 15 f.

Étiquettes pour les Lits militaires ; de service d'un côté et blanc de l'autre, sur carton bordé; le cent........................ 5 fr.

Étiquettes pour les Râteliers d'Armes et les Sacs; le cent...................... 2 fr. 50 c.

BREVETS DE MAITRE ET DE PRÉVOT.

Brevets de Maître ou de Prévôt d'Armes, ou de Contre-Pointe, figures lithographiées avec soin; le cent..................... 40 fr.

Idem, coloriés................. 125 fr.

Brevets de Maître ou de Prévôt de Danse, figures lithographiées avec soin; le cent..... 40 fr.

Idem, coloriés................. 125 fr.

Brevets de Maître et de Prévôt de Bâton, figures lithographiées ; le cent............ 40 fr.

Idem, coloriés................. 125 fr.

Tous ces Brevets sans figures, le cent.. 15 fr.

On trouve à la même Librairie tous les Registres et États relatifs à la Comptabilité des Corps.

BIBLIOTHEQUE NATIONALE DE FRANCE

3 7511 00156948 5

www.ingramcontent.com/pod-product-compliance
Ingram Content Group UK Ltd.
Pitfield, Milton Keynes, MK11 3LW, UK
UKHW020736120726
13693UKWH00001B/356